Empresa sana

VICENTE DE LOS RÍOS MEDINA

Empresa sana

Manual para conseguir una empresa saludable, próspera y longeva

ALMUZARA

Primera edición: Enero de 2021

COLECCIÓN ECONOMÍA Y EMPRESA
EDITORIAL ALMUZARA

Director editorial: Antonio E. Cuesta López
Edición al cuidado de Rosa García Perea

www.editorialalmuzara.com
pedidos@almuzaralibros.com — info@almuzaralibros.com
Imprime: Kadmos

ISBN: 978-84-18578-37-3
Depósito Legal: CO-1190-2020
Hecho e impreso en España — *Made and printed in Spain*

A Leticia, Jaime, Isabel y Carlos por apoyarme siempre.

A mi amigo Pablo Aranguren, por el gran ejemplo que nos diste como compañero, y el todavía más grande que nos has dado a lo largo de tu enfermedad. Te echaré mucho de menos en la presentación del libro, pero sé que sigues cuidando de nosotros.

A todos los que luchan sin cuartel porque su empresa sea un mejor espacio de trabajo, en donde conseguir grandes resultados no esté reñido con un buen trato a las personas.

Índice

AGRADECIMIENTOS

Este libro que vas a empezar a leer ha sido posible gracias a la colaboración de muchas personas, que de una manera u otra han puesto su granito de arena para que llegase a tus manos.

En justicia, la primera responsable fue Epi Pascual, por su invitación a participar en el evento de la plataforma MALT «Tendencias en la transformación digital 2020», en el mes de enero de 2020. Epi fue la que me retó a hablar de cómo reinventar una empresa, y a ella le debo la conferencia que dio pie a la estructura de este libro. Muchas gracias Epi.

En segundo lugar, tengo que dar gracias a Gema Díaz Real, una magnífica persona y generosa sin límite, por presentarme a Manuel Pimentel, mi editor. Además lo hizo en un día en que cualquier otra persona hubiese cancelado el encuentro, para solucionar varios problemas profesionales que tenía. Muchas gracias Gema

Manuel Pimentel también se lleva gran parte de los agradecimientos. Difícil explicar la proactividad, cercanía, confianza, oficio, compromiso, empatía… Tenemos mucha suerte de que personas como Manuel apuesten como lo está haciendo en el mundo editorial. Muchísimas gracias Manuel por confiar en mí y por todos tus consejos y apoyo, y gracias por poner a mi disposición a tu equipo de la Editorial Almuzara con Rosa García Perea como editora, con la que trabajar es un auténtico placer. Muchas gracias Rosa por tu paciencia y todo el apoyo en la elaboración del libro. Y lo mismo digo para el resto del equipo (corrector, ilustrador, maquetador, imprenta, comunicación ...).

Tengo que dar gracias especiales a mi querida Inma Rubio, por tener la paciencia de leer la primera edición del libro, y darme un *feedback* valiosísimo, que me ayudó a mejorar mucho el texto. Da gusto tener amigas como tú, Inma.

Y también dar las gracias a mis socios en *Líderes y Digitales,* Marisa Martínez y Alberto Turégano por sus contribuciones al libro, y también por todo su apoyo en este año tan complicado. Tampoco puedo olvidar a todo el equipo de EOI (Escuela de Organización Industrial), con el que da gusto trabajar formando a personas.

Mi familia también entra con méritos propios en este capítulo de agradecimientos. Gracias Leticia, Jaime, Isabel y Carlos por vuestro apoyo en este proyecto, y la paciencia que tenéis conmigo.

Y también quiero dar las gracias a todos los que han hecho posible que pueda escribir este libro en base a mi experiencia personal y profesional: mis padres Isabel y Vicente, mis hermanos, familia, amigos, jefes, colaboradores, compañeros, profesores, alumnos, clientes, competidores, proveedores… Entre todos me habéis ayudado a desarrollarme como profesional y a cumplir muchos más sueños de los que me había podido imaginar cuando empecé a estudiar Ingeniería de Telecomunicaciones. Me habéis enseñado, dado ejemplo, exigido, apoyado, dado cariño, reconocido unas veces y corregido cuando lo merecía, escuchado muchas veces y aguantado otras tantas… y sobre todo me habéis hecho ser feliz.

¡MUCHAS GRACIAS A TODOS VOSOTROS!

PRÓLOGO

A veces un par de semanas de mucho trabajo condiciona el comienzo de un libro. Iba a empezar a escribir este libro a finales de febrero en un AVE con destino Sevilla. Pero una serie de llamadas en el momento menos oportuno hizo que el comienzo se retrasase varias semanas y… ¡todo cambió!

Algunos creerán que fue una casualidad, pero otros pensarán que fue el destino. Yo creo que fue el destino, porque después de lo que sucedió en la primera quincena de marzo de 2020, escribir este libro ha sido para mí una experiencia totalmente diferente.

Posiblemente no hay un mejor momento para escribir un libro como este que una etapa en la que todas y cada una de las empresas están teniendo que reinventarse debido a los efectos de la aparición y expansión del COVID-19. Un hecho que ha supuesto un impacto global incalculable para personas y organizaciones.

Con frecuencia comentaba en mis clases y conferencias que éramos la primera generación que no había vivido una guerra o una epidemia, que han sido siempre uno de métodos tradicionales, junto con las revoluciones industriales, que obligaban a las personas y sociedades a experimentar los mayores procesos de reinvención. Estas situaciones rompían totalmente el *statu quo*, obligando a todos a sacar lo mejor de cada uno y, desgraciadamente, forzando abruptamente a redefinir sus expectativas vitales. Cuando comentaba este hecho, en ningún momento pensé que nosotros íbamos a vivir tan pronto una de estas situaciones, tal y como desgraciadamente ahora estamos sufriendo.

Espero de corazón que cuando estés leyendo este párrafo hayamos sido capaces de superar, lo mejor posible, la situación que ha creado el maldito coronavirus, y que este proceso de superación haya permitido tanto a ti como a la mayor parte de la sociedad tener más garantías para el futuro.

Debo decir que, acostumbrado a trabajar en mi casa o en cualquier lugar donde tenga mi portátil o mi smartphone a mano, esta reclusión se me ha podido hacer más llevadera que al resto. Así que después de cuatro días de poner un poco de orden en nuestra nueva vida de encierro colectivo global, ya no tuve más excusas para empezar mi segundo libro.

Este libro tiene un origen un poco similar al primero: una conferencia. Como he contado en los agradecimientos Epi Pascual me invitó en enero de 2020 a dar una conferencia para un evento de la plataforma MALT con la que colaboraba.

Decidiendo con Epi la temática de mi participación, me propuso que hablase de la reinvención de la empresa, en contraposición a la reinvención personal de la que hablé en mi primer libro «El Misterio de Reinventarse» (www.elmisteriodereinventarse.com). Finalmente decidimos que la conferencia se llamase «Si una persona se reinventa, ¿se podría reinventar una empresa?».

La idea me pareció sugerente y apropiada para ese momento que apuntaba hacia una desaceleración, porque veía que podía ser algo necesario para la empresa española. Ahora desgraciadamente no es necesario, es urgente. En este caso no vas a poder ver el video de la conferencia, pero sí que puedes leer el artículo que publiqué ese día en LinkedIn[1].

Entenderás que es un auténtico reto escribir este libro en un momento en el que parece que nos han lanzado a todos a una especie de agujero negro del que no sabemos todavía ni la profundidad que tiene, ni lo que hay al final de este. En el tiempo que he empleado a escribir este libro se han ido produciendo muchos cambios y ajustes. Poco a poco hemos ido descubriendo parte del viaje en el que nos estamos adentrando. He intentado tener cintura para poder ir incorporando algunos de esos cambios, aunque creo que el reto de reinventarse ya estaba presente antes. Lo que ha sucedido es que la pandemia ha puesto sobre la mesa la urgencia del cambio.

Siempre que tengo el reto de preparar una nueva conferencia, pienso en algún tipo de analogía o ejemplo que me ayude a introducir sensorialmente a la audiencia en el tema. Unas veces son sonidos, otras imágenes. En este caso, pensé que una de las mejores analogías para hablar de la reinvención de una empresa era asociarla al cuerpo humano, y desarrollar mi visión de reinvención de la empresa a través del desarrollo de algunas de las capacidades que tiene el cuerpo humano. Por el *feedback* que he obtenido de la conferencia —que he impartido en varias ocasiones— y del artículo de LinkedIn creo que el modelo elegido tiene posibilidades para tratar muchos de los temas que me parecen necesarios abordar.

Lo que desde luego no esperaba, en el momento de elegir esta analogía, era que algo tan dañino para el cuerpo humano como un simple virus iba a cambiar tan drástica-

---

1 https://www.linkedin.com/pulse/si-una-persona-se-reinventa-puede-reinventar-empresa-vicente/

mente nuestro mundo, condicionando indirectamente el libro. Otra vez el destino...

Deseo que este libro te permita reflexionar sobre el futuro y los retos a los que se enfrenta su empresa, y como poder mejorarla. He intentado poner a tu disposición un libro que sea fácil de leer, y sobre todo que te ofrezca herramientas para poder aplicar en tu día a día. Adicionalmente, la analogía del cuerpo humano, te permitirá ampliar el modelo con tus propias reflexiones, incorporando otros miembros del cuerpo.

Otro recurso importante del libro es la posibilidad de realizar un autodiagnóstico de la capacidad de reinvención de tu empresa. Para ello tendrás que evaluar a lo largo del libro cien cuestiones que definirán sus opciones. Para ello he creado diez cuestionarios asociados a la claves para reinventar la empresa. Así que ya puedes coger lápiz para ir realizando la evaluación a medida que vas leyendo el libro.

Este libro no solo recoge lo vivido y aprendido a lo largo de mi experiencia directiva de veinticinco años en Telefónica, sin duda un auténtico regalo por lo que me permitió aprender, experimentar, colaborar y los fantásticos compañeros con los que compartí esa etapa. También se apoya en la magnífica experiencia de mis últimos cinco años trabajando como asesor, profesor de la Escuela de Organización Industrial y conferenciante. Estos últimos años me han permitido tener una visión muy buena de lo que pasa en el mundo de la empresa después de haber trabajado con sesenta clientes, formado a más de dos mil alumnos, impartido conferencias a más de tres mil personas, o mentorizado a cien profesionales de diferentes sectores, países, funciones, edades...

Esta experiencia me ha permitido conocer más en detalle las diferentes realidades, y te puedo decir que, en general, los problemas que tienen todas las empresas son bastante similares. Y además, las soluciones a esos problemas podrían ser comunes. Así que agradezco a todos ellos la oportunidad que me han dado de poder ampliar mi visión de la empresa.

Quiero decirte que he decidido ser optimista en el libro. Si mi visión inicial me llevaba a pensar que, en la situación previa a esta crisis, la reinvención de la empresa era muy complicada por la falta de sentido de urgencia, en estos momentos desgraciadamente la urgencia es máxima. Pero también lo he decidido porque yo soy un optimista por naturaleza (muchos de los amigos que estáis leyendo esto seguro que sonreís), y hoy más que nunca necesitamos mucho optimismo en la sociedad para superar este trance. Que haya intentado ser optimista, no quiere decir que sea un iluso, o que haya renunciado a la crítica de las cosas mejorables de la empresa de hoy. Lo reconozco: hay bastante crítica, basada en lo que he visto, oído y experimentado personalmente, y a través de las confesiones de otros. Si en algún momento la crítica es dura, es porque creo que la única manera de cambiar es reconociendo los problemas que tenemos. Si alguien se siente identificado en alguno de los comportamientos, espero que le haga reflexionar y siento la molestia que le pueda causar.

Desde Líderes y Digitales (www.lideresydigitales.com), la firma de asesoría que fundé en 2016 y en la que comparto nuestra pasión por ayudar a empresas y personas a transformarse con mis socios Alberto Turégano y Marisa Martínez, estamos convencidos de que con actitud positiva y ayuda las empresas pueden tener un futuro mejor y a eso intentamos contribuir con nuestra labor.

Espero de corazón que el libro te facilite pasar con éxito esta situación y poder ayudar a reinventar tu empresa en este contexto complicado en el que nos encontramos.

Si necesitas mi ayuda o quieres compartir conmigo cualquier asunto, puedes contactarme en mi correo electrónico: vicentedelosrios@lideresydigitales.com, o a través de mi perfil de LinkedIn: https://www.linkedin.com/in/vicentedelosriosmedina/

En la web www.empresa-sana.com puedes encontrar más información y recursos de este libro. Te recomiendo que entres en ella porque iré compartiendo contenidos interesantes que complementarán la lectura de este libro.

1. ¿POR QUÉ HAY QUE REINVENTAR LA EMPRESA?

Donde hay una empresa de éxito,
alguien tomó alguna vez una decisión valiente.
Peter Drucker

Podría extenderme mucho en los motivos por los que es necesario reinventar una empresa, pero creo que hay uno que destaca por encima de todos: «*para que siga aportando su valor en el tiempo*». Las empresas no son como las personas, que desgraciada o afortunadamente tenemos una vida finita por diseño. Las empresas acabarán sobreviviendo mientras sus sucesivos propietarios y directivos sean capaces de garantizar que su rentabilidad sea la adecuada para sus accionistas o mientras sean capaces de garantizar el cumplimiento de las normativas contables que eviten su disolución.

En el caso de las empresas hay principalmente dos factores que influyen en esto: el entorno en el que se desarrolla su actividad y las decisiones que toman sus propietarios y/o gestores. A medida que el entorno va cambiando, la empresa se tiene que ir adaptando al nuevo escenario mediante decisiones que toma el equipo gestor.

Los cambios del entorno pueden ser por múltiples motivos: económicos, tecnológicos, políticos, regulatorios, hábitos sociales, emergencias sanitarias, etcétera.

Y las decisiones de los equipos gestores, unas veces más continuistas, otras más disruptivas o incluso en algunos casos inexistentes, acaban condicionando el rumbo que marca la vida de la empresa.

Hay una estadística demoledora que publicó el INE en noviembre de 2019 que dice que, en el caso de las empresas españolas, *«casi la mitad de las empresas que se crearon en 2014 no llegaron vivas a 2017»*.

Como ves crear una empresa y ser capaz de conseguir que se desarrolle y mantenga en el tiempo no es tarea fácil. En esta época además vivimos otro reto importante para muchas de las empresas familiares, donde la sucesión recae en generaciones que frecuentemente tienen intereses diferentes a los de los fundadores o en generaciones pasadas. Eso unido al impacto que tiene la fragmentación de la propiedad a medida que una nueva generación se incorpora al accionariado, genera una dificultad adicional para poder mantener unida la empresa y garantizar un futuro viable. Si el entorno cambiante y los nuevos entrantes suponen una gran exigencia para la empresa familiar, la incertidumbre en la sucesión es en general otro hándicap para tener en cuenta en este tipo de empresas tan importantes en el tejido empresarial. También añadiría en el caso de la empresa familiar, el problema que supone muchas veces que los propietarios asuman la gestión. Esto, que es una garantía en el momento de la creación y desarrollo de la empresa, puede suponer un problema a futuro, cuando el propietario se acaba centrando más en la gestión (con mucho foco en el corto plazo), que en las tareas asociadas a rol de la propiedad (con foco en el medio y largo plazo).

Esto hace que se dedique poco tiempo al largo plazo, condicionando mucho la capacidad de reinvención a futuro.

En el caso de las corporaciones, creo que el gran problema reside más en la presión por obtener resultados en el corto plazo que permitan cumplir con los compromisos que se han asumido con los mercados. Esto puede llevar a comportamientos contrarios a la transformación con el fin de dotar de los máximos recursos al cumplimiento de los objetivos del trimestre. A eso y —también porque no decirlo— a ambientes corporativos tóxicos, en los que pueden primar intereses personales de los propios directivos.

Pero la empresa no solo la forman los propietarios y directivos o gestores. También la forman los empleados, los proveedores, los clientes... Todos ellos tienen sus vidas condicionadas al desarrollo de la empresa. Por ejemplo, cada vez que se cierra una factoría de coches, como de manera lamentable parece que se hará con la fábrica de Nissan en España, los medios de comunicación nos trasladan el impacto que tiene no solamente en los trabajadores directos, sino también en todo el ecosistema asociado a la misma: trabajadores de proveedores locales que trabajan con la fábrica o de servicios anexos que atienden a esos colectivos de trabajadores.

Aunque pueda parecer sorprendente, los clientes también tienen su responsabilidad en la reinvención de las empresas. Especialmente en los negocios B2B (Business to Business) donde el poder del cliente es bastante mayor que en los B2C (Business to Consumer). En estos casos, los clientes pueden comprometer el futuro de la empresa, o directamente facilitarlo, con sus presiones y peticiones o sugerencias respectivamente. Integrar a los clientes en las reflexiones estratégicas de las empresas puede ser una buena herramienta de gestión.

Los gobiernos y reguladores también tienen una responsabilidad en los procesos de reinvención de las empresas. En su caso tomando decisiones y generando estímulos de unos sectores, o frenando el desarrollo de otros a través de leyes y normativas. Por ejemplo, los procesos de reconversión de sectores como el siderúrgico, minería o naviero son claros ejemplos de políticas públicas para ajustar sectores a las realidades competitivas, ambientales o de demanda, con medidas que muchas veces han permitido reinventar a las empresas, o en otros casos, reinventar las carreras profesionales de sus trabajadores hacia otros sectores que podían demandar sus cualificaciones.

El objetivo de propietarios y gestores es conseguir mantener viva a la empresa el mayor tiempo posible. Si llegada la situación no tienen capacidad económica o gestora para poderla mantener viva, deberán encontrar alternativas para que otros lo puedan hacer.

Muchas veces se llega a una situación desesperada por malas decisiones o por decisiones no tomadas. Estas decisiones generalmente vienen de estilos de dirección limitados, con poca visión del negocio o centrados en conseguir intereses particulares, que condicionan dramáticamente el futuro de la empresa.

Una de las principales diferencias entre la reinvención de la empresa y de una persona es el número de personas que tienen que participar en la decisión de acometer la reinvención. Si en el caso de una persona la decisión es principalmente individual, cuando hablamos de la reinvención de la empresa el problema viene de la necesidad de alinear los intereses de muchas personas, entidades y agentes, y esto lo dificulta en gran medida.

A veces los propietarios, los directivos, los trabajadores o incluso los gobiernos o reguladores ponen demasiado énfasis en sus objetivos individuales, con frecuencia de corto plazo, y acaban convirtiendo el futuro de la empresa en una especie de competición por quién *«se cubre más con la manta*», condicionando gravemente el futuro y viabilidad de la compañía.

También muchas veces la dificultad que encuentran las empresas para poder reinventarse es una cuestión de gestión de tiempos. Con frecuencia intentamos reinventar una empresa cuando los resultados empiezan a flojear, momento en el que la presión por la mejora y la escasez de recursos hace mucho más difícil poder acometer los cambios necesarios. Por lo tanto, una de las mejores maneras de poder acometer con garantías la reinvención de un negocio es hacerlo cuando las cosas van bien, y así poder emprender los cambios necesarios sin la presión del corto plazo. De esa manera podemos obtener en el medio o largo plazo los resultados que se persiguen con la reinvención.

Poder actuar así estará condicionado por las capacidades que se han ido desarrollando en el tiempo en la empresa: selección con visión del equipo directivo, inversión en tecnología, captación adecuada de talento y capacitación y desarrollo de este, buenas alianzas, estructura financiera correcta y sostenible…

Existen múltiples casos de empresas que han sido capaces de reinventarse a lo largo de la historia. Uno de los más interesantes y curiosos puede ser el de la Western Union. Esta empresa fundada en 1851 fue la empresa líder de las comunicaciones en EE. UU. gracias al dominio que mantuvo durante años en el telégrafo. A pesar de ser líder del mercado, con las facilidades que eso le ofrecía, no fue capaz de apoyar a uno de sus ingenieros, Elisha Gray, que competía con Graham Bell en la invención del teléfono. Os recomiendo que leáis esta historia en el magnífico libro de Pepe de la Peña, «Historia de las Telecomunicaciones»[2]. Graham Bell fue capaz de llegar con su invento a la oficina de patentes unas pocas horas antes que Elisha Gray,

2 «Historia de las Telecomunicaciones: cuando todo empezó». José de la Peña, 2003. Ariel.

y consiguió el reconocimiento de ser el inventor del teléfono. A pesar de este traspié, la Western Union cometió un segundo error: el mecenas de Bell le ofreció la patente del teléfono por cien mil dólares, oferta que rechazaron basándose en las burlas que contenía el informe de sus técnicos. Años después, desesperados por el dominio del teléfono frente al telégrafo intentaron comprar la patente por veinticinco millones de dólares, que fueron rechazados por la Bell. Como sabes el telégrafo dejó hace años de ser un medio de comunicación masivo.

Pues bueno, la Western Union abrió una línea de negocio en 1871 para aprovechar la capacidad de comunicación del telégrafo y su gran capilaridad de oficinas: el envío de dinero. Cuando se desreguló la transferencia de dinero internacionalmente extendió este servicio a otros países. Hoy en día la Western Union sobrevive gracias a haber sido capaz de aprovechar parte de su negocio previo para reinventarse. No todas las empresas que estuvieron en una situación de liderazgo y que perdieron, como es este caso, han sido capaces de sobrevivir.

Existen muchos más casos como este, y también casos recientes como el de Netflix, que después de ser capaz de batir a Blockbuster con su modelo de alquiler de películas en DVD con envío postal, se reinventó para distribuir en *streaming* películas de las diferentes productoras, y lo ha vuelto a hacer en los últimos años convirtiéndose en productora e integrando gran parte de la cadena de valor del sector.

Como se puede observar, ser capaz de reinventarse depende mucho de la solidez de las bases de la empresa y de cómo se van tomando algunas decisiones, a veces audaces, otras desesperadas.

Resumiendo, la preparación para la reinvención de la empresa se tendrá que ir acometiendo poco a poco y en ella tendrán que ir participando todos los agentes que intervienen en su ecosistema (propietarios, gestores, empleados, proveedores, clientes, gobiernos, reguladores...) cada uno en su debida proporción y con su responsabilidad. Y solo podrán dar el paso de la reinvención las empresas que se hayan preparado para ello.

Si en un profesional esta preparación previa es fundamental, en el caso de la empresa es todavía más importante y vital.

Quiero hacer aquí una mención especial a la situación que estamos viviendo y el impacto de la pandemia en este tema. Creo que, desde el punto de vista de la reinvención, la necesidad ya estaba ahí delante de nosotros. No creo que la pandemia haya obligado a cambiar mucho lo que teníamos que hacer. Por ejemplo, la digitalización ya había cambiado tanto el entorno, que ya íbamos tarde si no habíamos reaccionado. Lo que creo que sí que ha podido cambiar es el cómo lo tenemos que hacer, y sobre todo el sentido de urgencia. Ahora ya no tenemos excusa para que personas y empresas no abordemos esta reinvención para aprovechar las oportunidades del nuevo entorno. Es interesante observar que las empresas que mejor se han adaptado a este entorno tan complicado han sido las empresas digitales o las que ya habían acometido su reinvención.

A modo de ejemplo, desde que comenzó la crisis en los mercados a mediados de febrero y hasta mediados de noviembre, Apple y Amazon han subido su valor bursátil en más de un 60% y 70%, y Tesla un 280% en negocios con impactos muy diversos por la pandemia.

A lo largo del libro voy a mencionar algunos aspectos que ha podido acelerar la pandemia, pero también quiero dejar claro que mi visión sobre la necesidad de reinventar la empresa no ha cambiado en absoluto. Era necesario antes y, si acaso, todavía más ahora.

2. LA EMPRESA, UN SER VIVO

Los seres humanos no nacen para siempre el día en que sus madres los alumbran, sino que la vida los obliga a parirse a sí mismos una y otra vez.
Gabriel García Márquez

Como decía en el prólogo, utilizar la analogía del ser humano para realizar un análisis de cómo reinventar la empresa puede ser una buena herramienta. Creo que hay muchas similitudes entre el ser humano y la empresa: el ser humano evoluciona desde su propia creación hasta el fallecimiento en función de factores internos, externos y las propias decisiones que va tomando. El ser humano, como la empresa, pasa por enfermedades que tienen que tratarse, de las que a veces se recupera y otras veces desgraciadamente no. A veces, esas enfermedades llevan a la muerte, o pueden convertirse en crónicas, limitando en mayor o menor medida la calidad de vida o actividades que puede realizar.

El ser humano se relaciona con otros, desarrollando relaciones que acaban en múltiples estados: amistad, romances, complicidades, uniones, nacimientos, enfrentamientos... o incluso asesinatos. Las empresas también se relacionan entre ellas, colaborando, aliándose o fusionándonse e incluso compitiendo «a muerte».

El cuerpo humano tiene miembros que se tienen que coordinar entre sí para que su comportamiento sea normal; tiene sentidos que le permiten alimentarse, relacionarse, protegerse, divertirse... Las empresas también tienen miembros que coordinar: unidades, filiales, personas...

Las personas tienen necesidades. Si recurrimos a la pirámide de Maslow las podemos clasificar en: fisiológicas, seguridad, aceptación, autoestima y autorrealización.

Esas necesidades también pueden estar, a su manera, en la vida de una empresa. Podemos citar a Matthew Harrison & Catherine Firth de B2B International que detallan en su artículo «Introducing the Business-To-Business Hierarchy of Needs»[3], cómo aplicar la metodología desarrollada por Abraham Maslow al mundo de la empresa, tal como se resume en el gráfico siguiente:

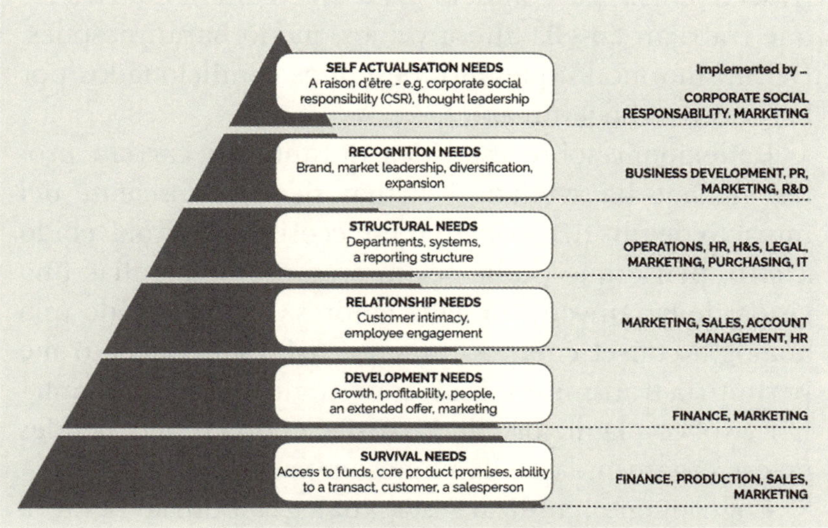

Introducing the Business-To-Business Hierarchy of Needs - Matthew Harrison & Catherine Firth de B2B International

3 Matthew Harrison & Catherine Firth - Introducing the Business-To-Business Hierarchy of Needs

El ser humano también se reproduce creando nuevos seres humanos que muchas veces heredan a través de la genética parte de las características de los progenitores y ancestros, y también algunos de los hábitos de estos debido a la observación de sus comportamientos al compartir una vida en común. Algo similar pasa con las empresas, pues con frecuencia a partir de ellas se crean otras empresas, a veces incluso por unión con terceras.

Pero posiblemente la principal razón por la que he decidido utilizar esta analogía es porque creo que tenemos que entender claramente que la empresa tiene un componente eminentemente humano. Y no podemos olvidar este factor en el día a día de la empresa. Debemos ser capaces de dirigir una empresa pensando que todo lo que decidamos tiene impacto en un ecosistema que se comporta como un organismo y, por lo tanto, que tiene características similares a las de un ser vivo. De esta forma podemos comprender que toda decisión tiene su propia trascendencia que condiciona de una manera u otra a los que trabajan en ella ahora y a los que lo harán después. Del mismo modo que ahora estamos condicionados por lo que otros hicieron antes.

Reflexionar sobre esta idea durante mi carrera profesional me ha ayudado a actuar siendo consciente del impacto de mis decisiones en ese ecosistema vivo. Debido a esto, pensé que podía ser interesante desarrollar una visión de la reinvención de la empresa estableciendo una analogía con el cuerpo humano. Así, este concepto me permitiría transmitir mis ideas de cómo conseguir mantener vivo, con la mejor salud, satisfaciendo las necesidades de ese organismo que llamamos empresa.

Lógicamente, utilizar esta analogía podría llevar a crear un libro eterno, pues el ser humano es tan completo y complejo, que podría desarrollar muchísimos temas que tienen claro reflejo en el mundo empresarial. He intentado hacer un ejercicio de simplificación, pero que al mismo tiempo me permita desarrollar un modelo que ayude a reflexionar, y además sea fácil de recordar. Otra ventaja de limitar este modelo es que puede ser posteriormente ampliado por otros.

Por ello decidí centrarme inicialmente en los ocho elementos que puedes ver en la siguiente imagen.

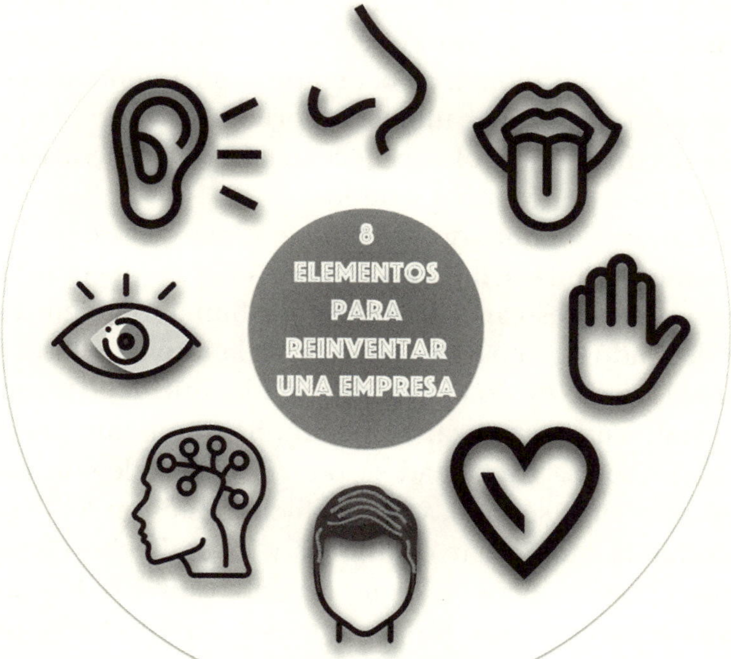

Como digo, podría haber elegido muchos más para desarrollar el modelo, pero pensé que debía definir un modelo con cierta simplicidad y que fomentase la reflexión. Me encantará que posteriormente a través de diferentes formatos, tanto yo como alguno de los que leáis el libro podamos incorporar nuevos elementos. Sería una manera fantástica de darle continuidad al libro entre todos y, sobre todo, encontrar formas de poder ayudar a reinventar la empresa.

Pero hablando en concreto de estos ocho, que desarrollaré a través de un capítulo específico para cada uno de ellos, los cinco primeros puntos se refieren a los cinco sentidos. Estos son claves en la vida humana. Y forman parte del sistema operativo del cuerpo humano para que cada uno de nosotros nos relacionemos, protejamos, tomemos mejores decisiones, ejecutemos tareas... La pérdida de alguno de estos sentidos, puede ser un síntoma de enfermedad, y si se prolonga en el tiempo, lógicamente un *hándicap* para desarrollar una vida normal. También, la pérdida de un sentido obliga necesariamente a desarrollar más el resto de los otros sentidos.

Cuando hablamos de los cinco sentidos que tiene el ser humano, indudablemente varios de ellos se pueden asociar a diferentes capacidades de ser humano y empresa. He decidido que cuando hable de cada uno de ellos, asociaré al mismo una o varias capacidades que debe tener la empresa para garantizar su futuro. Seguramente puedas pensar que esa capacidad se podría haber elegido también para otro sentido, y seguramente estés en lo cierto, pero había que tomar decisiones y lo he hecho con mi mejor criterio y pensando que el relato estuviese hilado.

Además de los sentidos, he incluido cerebro y corazón. Ambos son órganos vitales del ser humano, porque uno coordina gran parte de nuestras capacidades y procesa nuestros sentimientos, mientras el otro permite con su bombeo que la sangre oxigene todos nuestros miembros, incluyendo el propio cerebro. Siempre se dice que son dos órganos vitales del cuerpo humano, aunque está claro que, por su complejidad y perfección, cualquier órgano del cuerpo humano acaba teniendo su función crítica y, por tanto, su importancia en el conjunto que forma con el resto de los órganos.

Por último, he pensado en otro componente del cuerpo humano que marca de una manera u otra la experiencia vital de las personas: las canas. Curiosa referencia, especialmente cuando viene de una persona con una evidente alopecia. Las canas son un signo de que la vida avanza, y cada uno en mayor o menor medida las tiene. Unos las llevan al aire y otros las esconden tras tintes. Cuestión de gustos...

Después de repasar estos ocho elementos, y hablar en un capítulo de las enfermedades que pueden tener cuerpo humano y empresa, incorporaré otros tres componentes más que a través de una vacuna protegen a tu empresa de esas enfermedades de las que hablaremos. No los voy a desvelar todavía, porque prefiero explicarlos más adelante.

Desarrollaré todos estos elementos, asociando cada uno de ellos a aspectos que tenemos que trabajar en la empresa para poder reinventarla garantizando sus resultados a futuro.

He decidido incorporar en cada capítulo un cuestionario que tendrás que rellenar, y que te va a ayudar a reflexionar sobre los temas críticos que debe desarrollar tu empresa. Con las respuestas podrás medir el «nivel de madurez» de tu empresa sobre ese elemento que estamos analizando. Una vez acabado el libro, las respuestas te ayudarán a valorar hasta qué punto tu empresa está preparada o no para poder reinventarse, y además te dará las claves para entender los cambios que hay que acometer y las prioridades a fijar para empezar el proceso de reinvención.

3. LA VISTA: MIRANDO AL FUTURO

Si no levantas los ojos, creerás que eres el punto más alto.
Antonio Porchia

¡Qué importante es la vista en el ser humano!
Muchas personas padecemos de problemas de visión y, la mayor parte de la sociedad tiene que recurrir en algún momento de su vida a algún tipo ayuda para mejorar la calidad de visión. Lo conozco bien, porque desde pequeño he sufrido astigmatismo y miopía, nada importante que no se pueda corregir con unas buenas gafas. Digamos que en el fondo «son defectos de fabricación».

Pero a lo largo la vida las personas también podemos sufrir problemas puntuales más delicados, como fue en mi caso una microrrotura en la mácula o un desprendimiento de vítreo. Afortunadamente pasados, me hicieron pensar sobre cómo sería la vida viendo solamente a través de un ojo. Claramente cambia totalmente la perspectiva de cómo se ven las cosas.

La vista en el ser humano está condicionada muchas veces por factores no solamente asociados a la salud de nuestros ojos o del sistema neurológico, sino a otros aspectos como, por ejemplo, el cansancio, las condiciones climatológicas (sol, lluvia…), efectos ópticos, o incluso obstáculos que nos impiden ver lo que viene hacia nosotros.

Si tuviese que definir lo que sería la vista en la empresa, lo asociaría sin ninguna duda a la capacidad que tiene el equipo directivo o los propietarios de comprender el entorno en el que se encuentra la empresa y ser capaces de definir una estrategia de futuro acertada.

Podemos ver en esta imagen los cuatro temas fundamentales que considero que hay que desarrollar para tener esa estrategia de futuro, y que voy a desarrollar en las siguientes páginas.

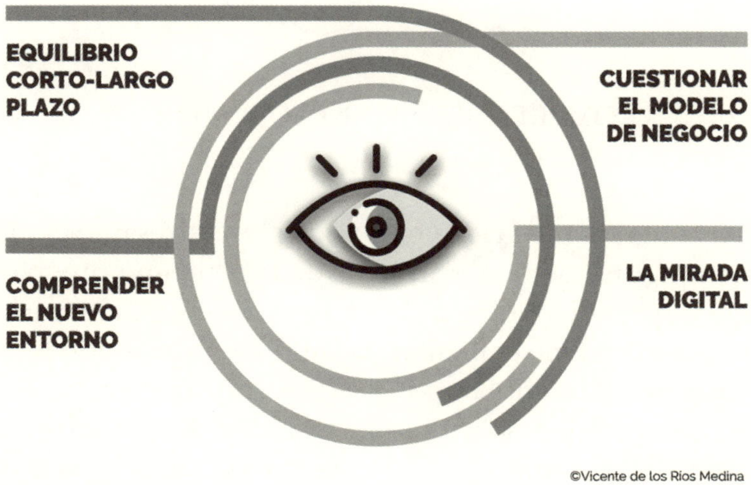

El primer pilar sería el comprender el nuevo entorno en el que nuestra empresa se desarrolla. Muchas veces miramos tanto para dentro, que olvidamos que existe un mundo exterior

El segundo tema a destacar es nuestra capacidad para tener una buena visión en la corto, media y larga distancia. Difícil equilibrio en un mundo empresarial donde se prima por encima de todo *«el pájaro en mano»* del corto plazo, tan corto que muchas veces estamos condicionando todas las decisiones no ya por los resultados del año, sino del trimestre, cuando no del mes.

Otro de los pilares de esa estrategia debe ser si el **modelo de negocio** con el que operamos es el más adecuado en este momento o quedará obsoleto en el futuro y tocará adaptarlo al nuevo entorno.

Y, por último, en el entorno actual, la digitalización es sin duda una tendencia que va a cambiar mucho la manera en la que «miramos» todos los aspectos de los negocios. Lo he querido llamar la «**mirada digital**» y también le dedicaremos una parte importante de este capítulo.

COMPRENDER EL NUEVO ENTORNO

Que actualmente la vida empresarial es estresante es algo que ninguno podemos negar. Por más tiempo que pasa, sigo sorprendiéndome al hablar con clientes, alumnos o amigos, cómo me comentan la cantidad de reuniones que mantienen diariamente. A veces pienso que se trata de una competición sobre quién es capaz de participar en más comités, reuniones… Ahora como la mayor parte de ellas tienen que hacerse por videoconferencia o simplemente por teléfono, todavía es posible meter con calzador reuniones en una apretada agenda.

Todo ese tiempo que dedicamos internamente, algunas veces incluso con tendencia a mirarnos el ombligo, nos está desviando de tener una visión periférica que nos ayude comprender lo que está pasando en el mundo. Tengamos en cuenta que, por ejemplo, en el ser humano la visión periférica es importante para evitar ser atropellado por un coche o chocar con otra persona. Esta comprensión del mundo es lo que nos permitirá anticipar las disrupciones que se nos van presentando permanentemente, que condicionarán nuestras opciones de futuro.

¿Se dedica el tiempo suficiente en las empresas para analizar qué está pasando en su entorno? ¿Somos lo suficientemente abiertos de mente para intentar entender los cambios que está habiendo delante de nuestras narices? Para mí la respuesta es claramente no. Creo que este es uno de los principales *hándicaps* que tienen las empresas actualmente. Llevándolo a nuestra analogía de la vista, es como si los profesionales llevasen unas gafas de visión progresiva pero solamente usasen la zona de visión cercana. De ese modo, ves muy bien lo que se mueve más o menos en un radio de un metro alrededor tuyo, pero corres dos riesgos importantes. El primero es no ver lo que está más allá, algo que puede ser un riesgo si te cruzas con algo que no has visto o una oportunidad perdida si la evitas. El segundo es que también sufres un importante dolor de cuello por lo forzado de acomodar la visión a la parte inferior de las gafas.

Hay una conversación que frecuentemente tengo con algunos de mis clientes de asesoría o participantes en conferencias o clases que me sorprende bastante:

—*Vicente, ¿cómo sabes tanto de nuestro sector si no has trabajado nunca en él?* —Me preguntan.

—*Esa no es la pregunta correcta* —les respondo.

—*¿Y cuál es para ti la pregunta correcta?* —me replican.

—*Pues para mí la pregunta es ¿cómo podéis saber vosotros tan poco de vuestro sector para pensar que yo sé mucho del mismo?* —les acabo respondiendo con intención.

Pues sí, en la época de la historia en la tenemos acceso a más información, formación y contacto con profesionales, es en la que menos tiempo dedicamos a estar al día de qué pasa en nuestro sector, a conocer qué nuevas tendencias aparecerán en el futuro, a investigar cómo es la situación de nuestros competidores, a conocer qué nuevos negocios están despegando, a estar al corriente de cómo está cambiando el entorno económico, político o regulatorio...

Creo que el exceso de información abruma tanto que nos acaba limitando el tiempo que dedicamos a estar informados de estos temas que son vitales para nuestra empresa, y también para nuestro propio futuro profesional.

Contaba en mi libro «El misterio de reinventarse» que uno de los diez principios para ser capaz de reinventarte, concretamente el segundo, es «Ten curiosidad: nunca dejes de aprender». La capacidad de estar actualizado depende en gran medida de que tengas identificados los temas a seguir y a partir de ello también una serie de fuentes que permitan estar al día de esos temas. Podemos complementarlo con la formación —hoy en día gracias a *webinars* y videos podemos actualizarnos a un coste de tiempo y dinero muy bajos— y la lectura. Y por supuesto, no pueden faltar las relaciones con otros profesionales del sector o de otros sectores que puedan tener cierta afinidad con el tuyo. Las relaciones personales son una de las mejores maneras de mantener un buen conocimiento de cómo evolucionan las cosas más allá de las paredes de tu oficina. Ya hablaremos más adelante de los clientes, otra de las mejores maneras de estar enterado de lo que pasa por el mundo.

Pero no solamente es importante conocer qué pasa ahora o va a pasar en tu sector. Necesitamos ir más allá y comprender qué está pasando en la sociedad y en otros sectores. Necesitamos comprender que hay tendencias que van a cambiar la forma en la que piensan y se comportan los clientes, y en general la sociedad. Tenemos que entender que la sociedad evoluciona constantemente, y a veces nos quedamos con una foto fija de cuáles son los comportamientos pasados de nuestros clientes que intentamos proyectar al futuro directamente. Esto es un error. Debemos ser capaces de tener una mente lo más abierta posible para ver estas nuevas realidades.

Una buena manera de poder impulsar esta necesidad de entender el entorno es realizar algún tipo de experiencia intensa para salir de la realidad cotidiana. Una de las iniciativas más interesantes que he conocido en los últimos años es la que ha creado mi querida Carmen Bustos en Soulsight con su nuevo programa Wander[4]. Es una iniciativa realmente impactante y donde a través de una serie de talleres inmersivos en grupo se crea «*un espacio donde compañías y líderes de diferentes sectores se cuestionan el mundo en el que vivimos para proponer soluciones alternativas. El mejor talento de las empresas colabora en una investigación viva, continua, acerca de territorios con alto impacto en la sociedad*».

A veces explorar el entorno en compañía también es una buena manera de aterrizar en el mundo real.

EL EQUILIBRIO CORTO-LARGO PLAZO

Como decía anteriormente difícil tarea la de ser capaz de equilibrar esa triple visión por el corto, medio y largo plazo. Evidentemente existen herramientas como el proceso de planificación estratégica que ayudan bastante a poder dedicar un tiempo de calidad a pensar en el futuro. Después de participar en bastantes de ellos a lo largo de

4 www.wander.es

mi carrera profesional como directivo y asesor, he visto varios aspectos que condicionan mucho conseguir este equilibrio.

En las empresas cotizadas, indudablemente los directivos están muy condicionados por diferentes factores: el corto plazo lo define sin duda la búsqueda de soluciones a los problemas diarios que permitan cumplir con los objetivos fijados para el ejercicio. La presión cada vez es mayor, y el excesivo *reporting* acaba generando una dinámica donde podríamos incluso hablar del ultracorto plazo. Así es difícil mirar más allá hacia los objetivos de plazos más amplios. Además, estos objetivos están muy condicionados por las valoraciones del futuro de la empresa que realizan los analistas, que tienen impacto directo en la cotización bursátil de la acción.

Si el presupuesto mensual, trimestral o anual marca las decisiones del corto plazo, podríamos decir que la evolución del valor de la acción debería marcar claramente la estrategia de largo plazo. Entre los factores que pueden afectar a las expectativas sobre el largo plazo pueden estar las fusiones o adquisiciones y sus correspondientes sinergias o modificaciones de perímetro, la evolución de la deuda de la entidad, la regulación del mercado, el entorno político de los países en los que la empresa opera o las evoluciones tecnológicas del sector.

Personalmente tengo la sensación de que, en este tipo de empresas, los equipos que trabajan los planos del corto y largo plazo están demasiado alejados. Unos dicen que el papel lo soporta todo, mientras que otros se excusan diciendo que si no sacamos la cabeza del día a día nos vamos a perder el futuro.

Para solucionar este problema de desconexión, considero que una de las mejores soluciones puede ser recurrir a ejercicios comunes de preparación de un plan estratégico con metodologías futuristas como las que utiliza

«Future Today Institute» fundado con Amy Web. Han desarrollado una serie de interesantes herramientas en las que combinan diferentes campos como las matemáticas, ingeniería, ciencias, tecnología con otras ciencias sociales como teorías de juego, economía, antropología y otras áreas como diseño, filosofía y gestión.

Por ejemplo, trabajar alrededor de la herramienta «Time Cone for Strategic Planning» de la figura puede ser una gran ayuda en fomentar la visión complementaria entre el corto y largo plazo.

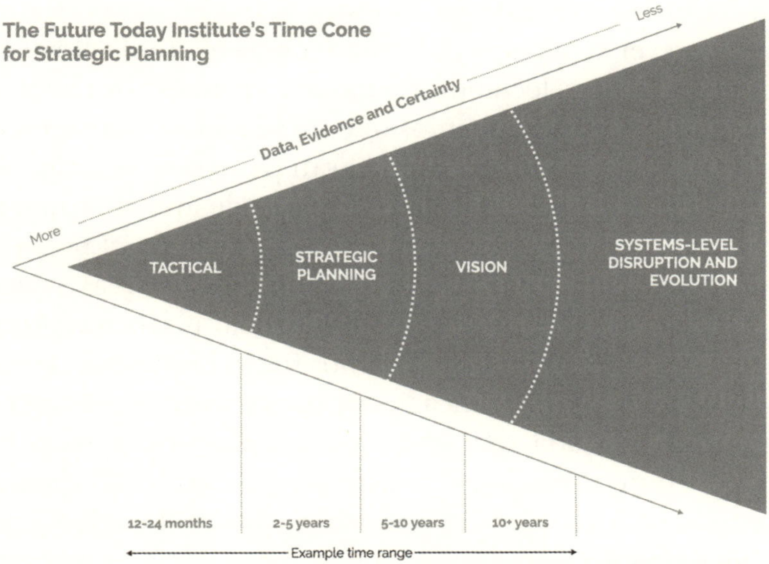

Time cone for strategic planning - Future Today Institute

En esta herramienta se combinan cuatro horizontes temporales en función de la capacidad que tenemos de tener datos, evidencias y certidumbres. Si vemos el periodo más próximo a nuestros días podríamos tener una propuesta más táctica. Si ampliamos el periodo tendríamos un enfoque más estratégico, y progresivamente iríamos avanzando a una visión de un periodo de unos cinco a diez años, para terminar en un cuarto horizonte que denominan *«evolución y disrupción a nivel de sistema»* donde se enmarcaría el futuro más lejano de nuestro negocio. Este futuro muchas veces es muy difícil de predecir.

Por ejemplo, recuerdo uno de los primeros planes estratégicos en los que participé en mi carrera profesional en el área de comunicaciones internacionales de Telefónica. Sería alrededor de 1995 y cubría el periodo 1996-2000. En ese plan, se intentaba dibujar cómo sería la evolución del mercado de voz internacional minorista y mayorista de Telefónica de España. Nuestra visión en esa época no supo prever el impacto que iba a tener la telefonía móvil en el negocio de telecomunicaciones y en nuestros clientes, porque no considerábamos que fuese a implantarse en el cliente final en Europa con la gran penetración y rapidez que lo hizo. Tampoco fuimos capaces de anticipar que el modelo de interconexión que se adoptaría en el negocio móvil para fomentar su penetración en el mercado final impactaría de tal manera en el negocio mayorista. Otro tema que también infravaloramos fue el impacto de la voz sobre IP en las comunicaciones internacionales. A veces, guardar olvidada una copia de un plan estratégico en papel en un armario es un acierto. Encontrarla haciendo limpieza varios años después de acabado el periodo del plan es la mejor manera de comprender lo que nos cuesta estimar el largo plazo, y lo condicionados que estamos por la situación del corto plazo.

Por lo tanto, tenemos que recurrir, sin lugar a duda, a este tipo de metodologías que nos fuerzan a «ver más allá» de nuestro día a día, y poder pensar en cómo será el futuro de nuestra empresa.

En el caso de las pymes, lógicamente el tema es diferente. Los recursos limitados que tienen les dificultan bastante poder realizar análisis tan futuristas como el anteriormente citado. Pero eso no quita para que tengan que estar siempre mirando más allá de su día a día. Por pequeñas que sean, no pueden dejar de seguir el entorno, y pienso que la formación externa y la colaboración con profesionales de otros sectores puede ser una buena herramienta para poder ampliar esa visión e intentar poner más foco en el largo plazo. Recuerdo el caso de mi amigo Fran Sánchez que me comentaba cómo el propietario de su empresa, tras visitar una feria volvió a la fábrica y les dijo a los empleados que acabasen de fabricar los productos que estaban terminando y que a partir del día siguiente solamente fabricarían uno de ellos. Actualmente son uno de los líderes del sector por esa gran visión que tuvo el propietario. Bueno por la visión, inspirada posiblemente en las oportunidades de futuro que vio en esa feria, y en su capacidad de tomar decisiones, aunque de eso hablaremos más adelante.

Por último, para finalizar este punto, quiero destacar algo que me parece importante tener en cuenta, y es que muchas veces el mayor riesgo para el largo plazo es un corto plazo exitoso. Algunas de las empresas que han triunfado en procesos de reinvención han sido las que aprovecharon las épocas de bonanza para realizar los cambios que iban a garantizar su futuro. Muchas veces después de un periodo de éxito, demasiado «celebrado», llega la cruda realidad de problemas de base en el negocio, que se destapan cuando las ventas son menores.

CUESTIONAR EL MODELO DE NEGOCIO

Interesante cuestión la del modelo de negocio. Si preguntásemos a los empleados de una empresa si nos pueden explicar el modelo de negocio bajo el que opera esa compañía, posiblemente nos llevaríamos una gran sorpresa. Es bastante factible que la mayoría de ellos no sean capaces de articular una respuesta mínimamente correcta. Muchos incluso se atreverían a decir directamente que «a mí no me lo contaron cuando entré en la empresa».

Es muy difícil trabajar como equipo persiguiendo un objetivo común en un negocio si no se conoce cuál es el modelo que sustenta la operación. Es fundamental que todas las personas que trabajen en una empresa sepan cómo impacta su trabajo en sus resultados, y cómo influirán las decisiones que tomen en el día a día en la evolución de la compañía.

Si lo piensas, los cuatro puntos que analizo en este capítulo están totalmente interrelacionados. Es difícil pensar en el modelo de negocio si no conoces el entorno o si no tienes en cuenta el largo plazo o el impacto de la digitalización en el negocio.

Una de las recomendaciones que hago siempre a mis clientes de asesoría o a mis alumnos es que hay que dedicar tiempo al equipo explicando profundamente el modelo de negocio bajo el que opera la empresa, y cómo impactan las decisiones en su evolución. La cuenta de resultados del negocio es un buen punto de partida. Formar al equipo en la cuenta de resultados del negocio y utilizarla para que cada persona analice el impacto de sus propuestas o decisiones me parece una herramienta extraordinaria y útil. Esta práctica permite a los profesionales entender mucho mejor el sentido de su trabajo. Uno de los mejores jefes que he tenido en mi carrera profesional, Conrado de Miranda, siempre me decía:

«Cuando vayas a negociar con alguien siempre calcula la cuenta de resultados de tu propuesta tanto para ti como para la persona con la que negocias»

Un gran consejo que siempre he intentado poner en práctica.

Llegar a conocer el modelo de negocio de la empresa es importante y necesario, pero no suficiente. Hay que ir más allá y cuestionar si, en el momento actual y en el futuro próximo, este modelo de negocio con el que operamos es realmente el que necesita nuestra empresa para aprovechar las condiciones de mercado actuales y futuras.

Es fundamental y crítico entender cuál es nuestra ventaja competitiva o cómo se compite en nuestro mercado. En el pasado, en un entorno más local, mucho menos global, las empresas solían competir utilizando un modelo de negocio muy similar. Su diferenciación venía principalmente de aspectos como su excelencia operativa, su estrategia y presupuesto de marketing o la capilaridad de sus canales de distribución, entre otros.

Actualmente los modelos de negocio se complican mucho más. Muchos competidores persiguen objetivos totalmente diferentes al de tu empresa. Algunas *startups* buscan tamaño a través de una captación muy agresiva de clientes, lo que les provoca importantes pérdidas en su cuenta de resultados. Estas prácticas muchas veces buscan ese tamaño que permita la venta de la empresa a fondos o la atracción de capitales en rondas de financiación. En otros casos, los nuevos entrantes reconsideran totalmente el nivel de prestaciones al cliente. Entre ellos destacan, las que se enfocan en propuestas *low cost,* que muchas veces sorprenden a los actores establecidos que no entienden por qué los clientes quieren «menos por menos», cuando ellos piensan que a los clientes les conviene el «más por más». Recomiendo leer el artículo de mi socia Marisa Martínez sobre «La evolución del *low cost*»[5] donde puedes profundizar y entender mejor las claves de este movimiento. Posiblemente dar la espalda al mundo real y al entorno es lo que lleva a estos errores estratégicos.

Indudablemente plantear cambios en el modelo de negocio es una decisión de gran calado en la empresa y obliga a una reflexión profunda y a un gran convencimiento y unión en la decisión. En general, este tipo de cambios vienen influenciados por líderes visionarios y carismáticos, que no solamente son capaces de anticipar los cambios, sino que además aglutinan a todo el equipo para poder operar ese cambio de rumbo que implica modificar el modelo de negocio.

Una manera más sencilla de abordar este tema podría ser el lanzamiento de nuevas líneas de negocio donde se pueda experimentar en un entorno controlado. O incluso invertir en *startups* que operen bajo diferentes modelos de negocio, y poder «observar» como accionista el funcionamiento de estas nuevas formas de hacer. Esto es por ejemplo lo que están haciendo bancos o aseguradoras, entrando en el capital de *fintechs* o *insurtechs* respectivamente.

LA MIRADA DIGITAL

No podemos negar que si algo ha cambiado tanto el entorno como los modelos de negocio y las formas de operar de las empresas ha sido la digitalización. No hay sector que no se haya visto afectado, en mayor o menor medida,

5 https://www.linkedin.com/pulse/la-evolución-del-low-cost-i-moda-tendencia-o-realidad-marisa/

por todos los cambios que ha introducido la aparición de las tecnologías digitales y la explosión de la conectividad tanto a nivel físico por la disponibilidad de redes de comunicaciones con prestaciones cada vez mayores, como a nivel lógico por el despliegue de servicios digitales sobre esa conectividad.

Hablar de cómo abordar la digitalización de una empresa da para un libro entero, que espero poder abordar en otro momento. De todos modos, voy a intentar resumir en las siguientes páginas cuál es para mí lo que podríamos llamar la «mirada digital».

Para mi este concepto tiene mucho que ver con dos cuestiones fundamentales.

La primera cuestión sería entender las oportunidades y amenazas que trae la digitalización a mi empresa. Por supuesto que, para entender ambas cosas, como decía en el primer punto de este capítulo, es fundamental estar atento al entorno y seguirlo para visualizar qué está pasando y cómo puede impactarnos. Pero al mismo tiempo, si no somos capaces de tener presente nuestro modelo de negocio, nuestro análisis de oportunidades y amenazas quedará muy cojo.

Cuando hablamos de que un negocio prospere, ¿de qué estamos hablando? Pues estamos hablando de que crezca de manera razonable, de que siga satisfaciendo a sus clientes, que siga ofreciendo razones a sus empleados para continuar en la empresa, de que cumpla las regulaciones y normativas vigentes en cada momento, y todo ello garantizando una rentabilidad adecuada a la que ofrece el entorno para que sus accionistas sigan interesados en confiarle su inversión. Puede parecer una definición un poco simple, pero creo que cualquier directivo se conformaría con cumplirla. A lo mejor parece simple porque frecuentemente se ha perdido la referencia de lo que es un negocio sostenible, y se ha entrado en la búsqueda de un beneficio a corto plazo con independencia de que se ponga en riesgo el futuro de la empresa, de sus trabajadores, clientes o accionistas.

Si entendemos por progreso de la empresa lo citado anteriormente, ¿qué oportunidades puede ofrecer a mi negocio la digitalización?

Si hablamos de crecimiento, claramente la digitalización nos permite llegar a más clientes en nuestros mercados a través de canales digitales y poder aumentar nuestras ventas. Ser capaces de ampliar nuestra cuota de mercado en el mercado digital es una obligación actual de toda empresa, especialmente a medida que el mercado digital es cada vez mayor. También nos permite diseñar nuevos productos digitales que nos permitan llegar a esos clientes, incluso antes, gracias a las tecnologías digitales y las formas de trabajo ágiles. Podríamos decir que es una manera de satisfacerles mejor porque podemos atender mejor y más rápido sus necesidades. La personalización sin lugar a duda es una buena manera de satisfacer al cliente, e incluso de poder adaptar la oferta a lo que realmente necesita. Escuchar más y mejor al cliente, indudablemente es también una gran oportunidad que nos ofrece el mundo digital. Y a través de nuestros clientes, también podemos llegar a otros mercados o sectores, menos digitalizados, con la ventaja competitiva que nos da disponer de clientes en nuestro mercado de origen y de capacidad digitales.

Si hablamos de empleados, lo digital nos debería ofrecer herramientas para que el trabajador haga mejor su labor, pueda tener una mejor formación e información, e incluso pueda conciliar mejor su vida profesional y personal.

La comunicación con clientes y empleados debería poder mejorarse gracias a la digitalización. Y si hablamos de rentabilidad, además de la que podríamos obtener por más ventas, mayor fidelidad de clientes y empleados, la automatización de procesos nos permitiría mejorar la eficiencia, y el uso de la analítica y el *big data* nos facilitaría tomar mejores decisiones.

Vemos que hay muchas oportunidades para el negocio gracias a la digitalización. Pero ¿cuáles serían las amenazas?

Lógicamente una gran amenaza es que nuestros competidores en el mercado se adelanten a nosotros aprovechando esas oportunidades que hemos identificado. Pero también lo puede ser que otras empresas con capacidades digitales más desarrolladas entren en nuestro mercado. Otro posible riesgo es que debido a la digitalización nuestra ventaja competitiva se acabe diluyendo. La apertura del mercado que ofrece la digitalización elimina muchas barreras de entrada que protegían a empresas en sus negocios. La prensa en papel, por ejemplo, ha sufrido con fuerza la entrada de los líderes digitales que han ofrecido a los anunciantes nuevos formatos publicitarios digitales para poder llegar a los clientes potenciales. Si hace años el coste de tener una cabecera, periodistas, imprentas y una potente red de distribución era muy elevado, y solo accesible a pocos, el mundo digital ha creado modelos de información o entretenimiento totalmente diferentes y accesibles para muchos a un coste ínfimo y con una gran flexibilidad máxima comparado con los modelos anteriores.

Creo que una gran parte de las empresas no son capaces de aprovechar las oportunidades por el desconocimiento de sus directivos de cómo funciona el mundo digital. Abrir la mente, formarse, estar informado, relacionarse con otras empresas o *startups* y dedicar más tiempo a pensar en el futuro puede ayudar mucho a sacar partido a esas oportunidades e identificar también pronto las amenazas y poder anticiparse para frenarlas.

La segunda cuestión que permitiría tener esa *mirada digital* sería saber qué hacer para aprovechar las oportunidades y frenar esas amenazas. Creo que una buena manera de poder trabajar este tema es poner el foco en el cliente.

En la siguiente imagen se puede ver el modelo que he desarrollado para intentar encajar muchas de las piezas que mencionaba anteriormente en las oportunidades. Lo hago alrededor de tres dimensiones: procesos con clientes, habilitadores de la transformación y canales.

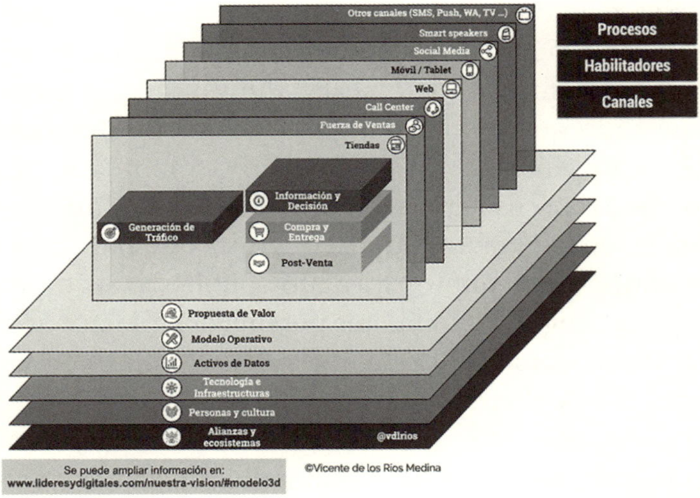

Dentro de los procesos con clientes debemos ver cómo podemos conseguir más clientes al menor coste y garantizar que pasen el mayor tiempo posible con nosotros. Divido estos procesos en cuatro:

- —Generación de tráfico: conseguir tener más tráfico de clientes potenciales que tengan interés en nuestros productos o servicios.
- —Información y decisión: lograr convencer a esos clientes potenciales de que nuestra empresa es la mejor para solucionar sus necesidades.

— Compra y entrega: una vez que los clientes se han decidido por nosotros, toca desarrollar las gestiones necesarias para convertirles oficialmente en nuestros clientes, realizando todo el proceso transaccional de la compra o suscripción y la entrega del producto o servicio.
— Postventa: trabajar para facilitar que el cliente continúe con nosotros, solucionándole las necesidades que tenga y haciendo que vuelva a comprarnos o mantenga el servicio que le ofrecemos. Además, si es posible que nos recomiende, mucho mejor.

En estos cuatro procesos la digitalización nos ofrece, sin lugar a duda, muchas oportunidades: desde el uso de técnicas de marketing digital, cada vez más sofisticadas y que incluso nos permite realizar publicidad personalizada al perfil de cliente que buscamos; el uso de test A/B o multivariante, que nos ayuda a mejorar de manera sustancial los ratios de conversión de las visitas a nuestros dominios digitales; la incorporación de mecanismos predictivos para optimizar stocks o evitar clientes morosos, o procesos eficientes en postventa garantizando al mismo tiempo la satisfacción del cliente con tiempos de respuesta cada vez menores, entre otros.

Cuando hablamos de habilitadores nos estamos refiriendo a seis palancas que nos ayudan a poder mejorar esos cuatro procesos con clientes:

— Propuesta de valor: En este primer habilitador integramos todo lo que tiene que ver con nuestra estrategia para llegar al cliente: cómo llegamos al mercado, la definición de nuestros productos y servicios, el diseño de la experiencia de cliente, la fijación de nuestros precios... La adopción de lo digital nos va a ayudar a encontrar nuevas alternativas para generar propuestas de valor más atractivas para nuestros clientes, ya que nos va a ayudar a conocerlos mejor y adoptar posicionamientos más atractivos para ellos. Por ejemplo, nos va a ayudar a una estrategia comercial radicalmente diferente que nos permitirá crear y vender nuestros productos digitales que incrementarán nuestros ingresos y bases de clientes, dotándonos al mismo tiempo de una manera complementaria para vender nuestros productos tradicionales.

— Activos de datos: una de las capacidades de negocio que la digitalización nos permite mejorar sustancialmente es, sin lugar a duda, la posibilidad de generar, procesar y utilizar datos de nuestro negocio. Esta capacidad nos permitirá posteriormente tomar —en base al análisis de estos datos— mejores decisiones y personalizar nuestros mensajes y ofertas, lo que supone un gran avance que debemos aprovechar. Profundizar en todos los aspectos relativos a analítica de datos, *business intelligence* y *Big Data* es una apuesta segura.

— Modelo operativo: La digitalización también va a contribuir a mejorar nuestro modelo operativo y los procesos en los que se soporta. La digitalización, bien aplicada, puede generar importantes eficiencias en todas las unidades que soportan al negocio y además permitir realizar tareas que antes quedaban fuera del alcance de los medios de la empresa. La reducción del *time to market*, la automatización de muchos procesos, la capacidad para predecir la demanda y así poder ajustar mucho mejor los procesos operativos asociados, son algunas de las ventajas de apostar decididamente por la digitalización.

— Tecnología e infraestructuras: renovar y apostar por una nueva plataforma tecnológica es otro de los desafíos que debemos afrontar para aprovechar la digitalización. Por una parte nuestros proveedores tecnológicos nos ayudan a digitalizar nuestra empresa a medida que vamos renovando nuestros equipos que incorporan las últimas prestaciones. Sin embargo es nuestra obligación ser capaz de integrar toda esta tecnología a través de una plataforma escalable, segura y accesible, que nos permita reducir de manera sustancia el *time to market* de nuestros productos y servicios. Aquí surgirán múltiples debates sobre diferentes temas como: cuál tiene que ser nuestra estrategia de migración a la nube; qué esfuerzo tenemos que hacer en todo lo relativo a ciberseguridad; cómo desarrollar nuestro modelo de Industria 4.0; la implantación de metodologías DevOps; el uso de la robotización de procesos (RPA)... La tecnología puede ayudarnos mucho a desarrollar tanto procesos como habilitadores.

— Personas y cultura: La digitalización también impacta en el equipo. Ser capaces de apostar por una cultura digital en la organización es clave para poder abordar un proceso de transformación. Dos de nuestros retos son formar al equipo actual en capacidades y herramientas digitales y simultáneamente incorporar nuevo talento que se integre en el equipo. Por ejemplo, la incorporación de metodologías ágiles puede mejorar el aprovechamiento de los recursos de la organización, siendo al mismo tiempo un estímulo para el equipo. Todas estas iniciativas nos deben permitir crear un proyecto ilusionante combinando personas con experiencia de nuestro negocio con otras que destaquen más por sus conocimientos digitales.

— Alianzas y ecosistemas: Sin duda, aprovechar la digitalización también obliga a trabajar con otros. Incluso los grandes líderes digitales que compiten entre ellos son capaces de colaborar en muchos campos. Cada vez vemos más ejemplos como los de BMW y Daimler, rivales encarnizados, que han integrado sus esfuerzos en los nuevos modelos de movilidad. Saber elegir qué *partners* nos pueden aportar más y a quién podemos aportar nosotros se convierte en un factor crítico para aprovechar la digitalización.

Y por último tenemos los canales, a través de los que interactuamos con nuestros clientes para ofrecerles nuestros productos, informarles, venderles, atenderles... La digitalización ha generado nuevos canales digitales que se han ido incorporando a nuestro *mix* de canales, como el móvil, la mensajería instantánea, las redes sociales, los asistentes de voz... Estos canales vienen a complementar nuestra oferta y nos aportan medios adicionales por los que podemos llegar a nuevos clientes o atender a los actuales de diferentes maneras.

Para terminar este capítulo sobre la «vista», es importante destacar que la transformación digital de una empresa no sucederá si la empresa, empezando por sus directivos, no comienza a «*mirar el futuro de una manera diferente*», intentando comprender el entorno cambiante, equilibrando el corto, el medio y el largo plazo, cuestionándose su modelo de negocio y, sobre todo, viendo en lo digital una gran oportunidad de futuro.

Valora el cumplimiento de estas afirmaciones en tu empresa.
(Puntúa con 1 si estás totalmente de acuerdo, 0,5 si lo estás con matices y 0 si estás en desacuerdo)

1.	En mi empresa se preparan escenarios de futuro diferentes al actual para anticiparnos a los cambios	
2.	En mi empresa utilizamos herramientas para seguir y analizar el entorno competitivo en el que operamos	
3.	En mi empresa el cumplimiento de los objetivos del corto plazo no condicionan el futuro de la misma en el medio y largo plazo	
4.	Se puede decir que en mi empresa tenemos definidos una misión, una visión y unos valores que nos guían	
5.	Mi empresa tiene un plan estratégico a 3 años que incluye iniciativas que se diferencian de las prioridades del presupuesto anual	
6.	Los ingresos de mi empresa están diversificados correspondiendo a diferentes negocios y geografías	
7.	Recientemente se han incorporado a mi empresa nuevos modelos de negocio diferentes al tradicional	
8.	Los empleados de mi empresa conocen la cuenta de resultados y la contribución de su trabajo a la misma	
9.	En mi empresa se han identificado las oportunidades y amenazas que supone la digitalización	
10.	Hay una apuesta clara en mi empresa por la digitalización	
	Puntuación total - Vista	

4. EL OÍDO: ESCUCHAR DE VERDAD AL CLIENTE

No hay peor sordo que el que no puede oír; pero hay otro peor, aquél que por una oreja le entra y por otra se le va.
Baltasar Gracián

El oído, sin duda, es otra de las mejores tecnologías que tiene el ser humano para interactuar con el mundo. El oído nos permite escuchar a las personas que queremos, anticipar amenazas que no vemos, deleitarnos con la música que nos gusta, o sentir experiencias inolvidables en combinación con otros sentidos como la vista cuando vemos un paisaje y escuchamos su entorno. Incluso, hasta hay veces que somos capaces de *«escuchar el silencio»*, algo cada vez más difícil en un mundo en el que el ruido campa a sus anchas.

El oído también es en gran medida responsable de nuestro equilibrio, y desgraciadamente muchas personas sufren de vértigos por problemas en el sistema auditivo.

Pero el oído en sí mismo es un mecanismo complejo que no actúa solo. El proceso de la audición incluye diferentes etapas:

desde la captación por parte del tímpano de las ondas sonoras, la conversión en impulsos nerviosos que se realiza en el oído interno y, por último, el envío al cerebro de esos impulsos a través del nervio auditivo. Luego el cerebro se responsabiliza como con todos nuestros sentidos, de asociar lo captado a una experiencia.

Si para los humanos escuchar su entorno es clave a la hora de tomar decisiones, para las empresas también es fundamental saber escuchar al mercado. Si tuviese que centrar el sentido de la escucha de la empresa en uno de los agentes con los que interactúa, este sería el cliente, al que voy a dedicar este capítulo.

Vivimos una época en la que el término *customer-centric* se ha convertido en una referencia del entorno empresarial. Realmente lo de poner al cliente en el centro es una de las frases más manidas en la gestión empresarial a lo largo de los últimos años. Todas las empresas y directivos repiten sin cesar que *«trabajan incansablemente para solucionar las necesidades de los clientes»*. También los políticos hablan de solucionar las necesidades de los ciudadanos, porque ellos *«conocen lo que la gente necesita»* o *«están al tanto de la calle»*.

Mi visión es que pocas empresas realmente ponen al cliente en el centro, y conseguirlo es un gran reto para todas las empresas y una buena palanca en la que basar la reinvención de tu empresa.

Poner al cliente en el centro, necesita de las mismas etapas que tiene la audición en el ser humano, y ahí creo que radica el gran problema en las organizaciones. Se dice que se escucha al cliente, que se diseña pensando en lo que hemos escuchado del cliente, que se opera a gusto del cliente y al final, el cliente se siente como un convidado de piedra en ese proceso que todo el mundo internamente se obstina en llamar *customer-centric.*

Para ser realmente *customer-centric* lo primero que tenemos que hacer es conocer mejor a nuestros clientes, para saber cuál es la propuesta de valor que mejor se adapta a sus necesidades. Unas necesidades que incluso es posible que hasta ellos desconozcan. Ahí está la clave de aportar valor. Lógicamente ese valor que tu empresa les ofrece, tiene que generar de vuelta un beneficio sostenible en el tiempo para la empresa. Ser *customer-centric* no es hacer todo lo que el cliente quiere y hacerlo además para todos los clientes.

Pero antes de poder desarrollar tu propuesta de valor, tendrás que conocer a tus clientes potenciales y sobre todo escucharlos. ¿Y qué retos tenemos para poder realizar esto?

He elegido tres temas que me parecen críticos para poder abordar con garantías este asunto tan importante.

NO TOCAR DE OÍDO

He recurrido a esta expresión tan común para citar el que es para mí uno de los principales problemas que tienen los directivos y sus empleados cuando hablan del cliente. Directamente no lo conocen. Y esto sucede porque han pasado muy poco tiempo con ellos. Pasamos más tiempo reunidos en monótonos comités que visitando a los clientes con nuestros comerciales, escuchando qué comentan en sus llamadas a nuestros *call centers* o aprovechando la oportunidad de relacionarnos con ellos en nuestras tiendas.

Si no somos capaces de interactuar con nuestros clientes, ¿cómo vamos a ser capaces de saber lo que piensan, sienten, necesitan…? Aunque parezca mentira lo que digo, mi experiencia profesional me dice que pasar tiempo con los clientes no ocupa una prioridad alta en la agenda. ¿Las razones? Sinceramente no lo sé. Posiblemente una mala gestión de prioridades. También puede ser que se sienta mucha responsabilidad de *«no estar a la altura atendiendo a un cliente»*. Personalmente, gran parte de los mejores aprendizajes de mi carrera profesional los he conseguido en momentos que he compartido con mis clientes. En mi época de directivo de Telefónica lo pude hacer, por ejemplo, en las reuniones con operadores nacionales o internacionales para vender tráfico o conectividad internacional, atendiendo a clientes en nuestras tiendas (gracias, Romina y Sandra por acogerme como vendedor en vuestras tiendas y aguantar mis comentarios) o las visitas como instalador o promotor repartiendo *flyers* para entender mejor las campañas publicitarias. Ahora como profesor, asesor o conferenciante, no tengo más remedio que pasar la mayor parte de mi tiempo con mis clientes, y eso me da la mejor información para saber cómo valoran mis servicios y qué necesidades tienen.

Hace poco en un *webinar* sobre *«¿Cómo ser customer-centric en la era digital?»*[6] acuñé dos términos que tienen mucho que ver con este tema que estamos hablando.

El primero es lo que llamaría el índice de agradecimiento. La primera vez que escuché este concepto fue por boca de mi compañero y amigo Jesús Figueroa en una convención de directivos. En una empresa de consumo sería el *número aproximado de clientes a los que tenemos que dar gracias todos los meses* y sería como mínimo el cociente de nuestro coste total empresa (sueldo medio mensual más beneficios y costes sociales) dividido por la factura media que paga un cliente. Como la factura media es constante, el índice de agradecimiento será mayor en las personas de la empresa que tengan mayores sueldos.

El segundo sería el que denominaría como índice de cercanía. Este sería el número aproximado de clientes con los que tenemos contacto al mes. Aquí este número depende de muchos factores y sobre todo de la responsabilidad en la empresa. Las personas que ocupan puestos más operativos lógicamente tienen más cercanía con los clientes porque mantienen la interlocución con ellos. Por el contrario, en el caso de los directivos, su posibilidad de tener cercanía a los clientes es menor, por lo que tendrán que paliar ese *hándicap* con actitud e identificando momentos de contacto.

En la siguiente imagen he dibujado una gráfica con un ejemplo de cómo podrían ser estos índices en una empresa cualquiera.

6 https://www.eoi.es/es/savia/publicaciones/35139/webinar-como-ser-customer-centric-en-la-era-digital

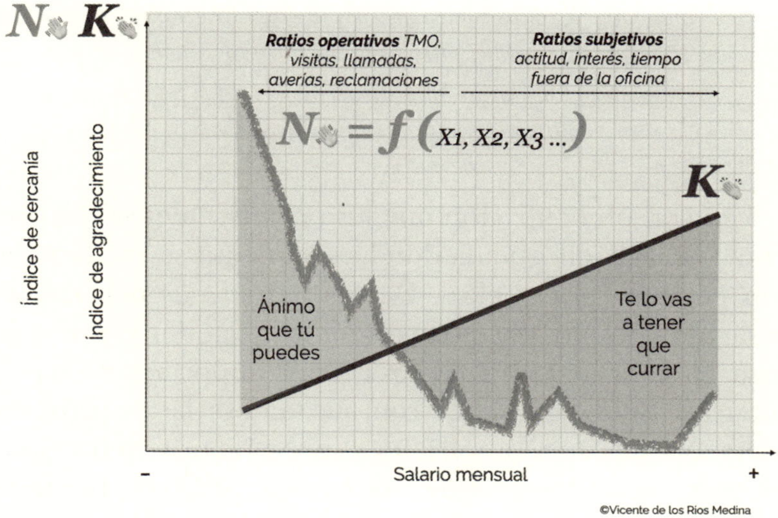

Como se puede ver en este caso, las personas con menor salario tienen mucho contacto con el cliente, mientras que los que tienen sueldo más elevado están lejos del cliente. Eso acaba creando dos zonas que he denominado jocosamente zona de «ánimo, que tú puedes» y zona de «te lo vas a tener que currar».

Todos tenemos la obligación de conocer a los clientes y si no pasamos tiempo con ellos, será muy complicado hacerlo.

¿Qué sucede cuando se pasa muy poco tiempo con los clientes? Pues que se acaba «*tocando de oído*», que en este caso es presuponer que el cliente es como nosotros. Y ahí caemos en una trampa mortal.

Recuerdo al profesor Felipe González Abad decirnos en el Executive MBA del IE hace más de veinte años una de las frases que más me ha impactado en mi vida profesional:

> *«El mayor problema que tienen ustedes en sus negocios, proyectos… es que piensan que los clientes son*

como Uds. Y todos somos al fin y al cabo una minoría. Piensan que todo el mundo ha estudiado, que habla idiomas, domina la ofimática... Ahí está el base de muchos fracasos empresariales».

Veo con preocupación que los profesionales se cierran cada vez más en guetos donde solamente se relacionan con personas como ellos. De esa manera es más difícil pasar tiempo con personas diferentes y poder ver lo que pasa en la sociedad. Esto va a tener importantes consecuencias. Si la cosa estaba complicada por la creación de supercomplejos empresariales o por prácticas individuales como acabar comiendo diariamente solo con tu táper en la oficina viendo tu serie favorita de Netflix, el confinamiento y la obligada tendencia al teletrabajo puede acabar creando un problema muy importante en esa falta cercanía con el cliente.

Por supuesto que el mundo digital nos permite estar cerca del cliente de otra manera, con otras herramientas. A través de la analítica de datos podremos conocer mejor los hábitos y comportamientos, a veces incluso involuntarios de los clientes, que ni ellos conocen. Pero considero que pasar tiempo con el cliente es una capacidad fundamental para poder escuchar y sobre todo entender al cliente.

SINTONIZAR SU FRECUENCIA

Una vez que está claro que tenemos que pasar más tiempo con los clientes, ahora nos toca relacionarnos con ellos. Y para escucharlos toca sintonizar la misma frecuencia en la que ellos hablan. Coloquialmente se dice que debemos «ponernos en sus zapatos». Pero como dice mi socia Marisa Martínez, antes de ponerse los zapatos del cliente, «*tenemos que quitarnos nuestros propios zapatos*».

Quitarte tus propios zapatos no es fácil. Como decía anteriormente, muchas veces pensamos que los clientes son como nosotros, y ahí radica gran parte de nuestro problema. Además, frecuentemente en vez de estar escuchando activamente a nuestro interlocutor, estamos más pendientes de encontrar el momento de meter baza para decir lo que pensamos nosotros.

Para sintonizar su frecuencia es fundamental ser capaces de abrirnos de verdad, sin temores. A veces actuamos como si las vidas de nuestros clientes giran exclusivamente alrededor de nuestros productos y su interacción con ellos. Utilizamos un lenguaje corporativo que es totalmente ajeno al que ellos hablan, y nos relacionamos con ellos relatando las interioridades de nuestras empresas y los problemas causados por nuestras organizaciones, incluso a veces hasta las malas relaciones entre áreas. Temas que no les interesan, ni ayudan en absoluto. Incluso las encuestas de satisfacción de cliente están más orientadas a lo que esperamos escuchar de ellos que a lo que ellos nos quieren transmitir.

¿Cómo sintonizar la frecuencia de mis clientes? Pues hay metodologías interesantes que nos ayudan en este punto, como pueden ser la definición de Persona o el mapa de empatía. Realmente estas herramientas no son soluciones en sí mismas, pero sí que nos hacen cambiar la forma en la que vemos al cliente, y deberían ser utilizadas recurrentemente en las reuniones con nuestros equipos en las que se diseñan y se estudian nuestros productos.

La metodología de Persona surge en los años ochenta gracias a los trabajos de Alan Cooper, un desarrollador de software que introduce el concepto de «*user persona*». En la década de los noventa, Angus Jenkinson lo desarrolló para comprender a los segmentos de un cliente que tienen una identidad homogénea, y fue Ogilvy One la que lo adoptó internacionalmente bajo la metodología Customer Prints. Aquí tienes un ejemplo de la web designabetterbusiness.com

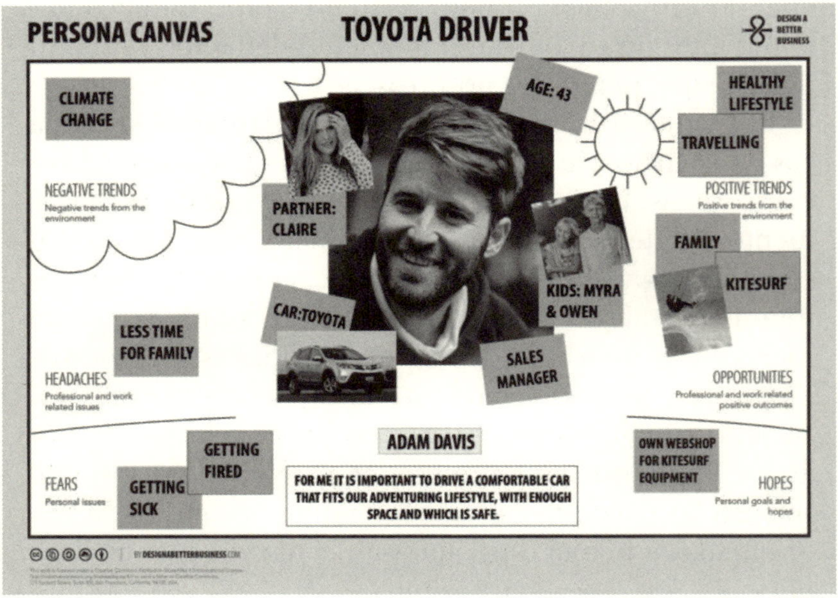

Esta metodología intenta crear arquetipos de cliente al agrupar a clientes con necesidades, comportamientos y hábitos similares. Es realmente útil para ponerte en los zapatos de tu potencial cliente.

Como citaba anteriormente, otra herramienta muy interesante es el mapa de empatía, que también nos ayuda a «*ponernos en los zapatos de nuestros potenciales clientes*». Como puedes ver en la ilustración del mapa de empatía, las preguntas que nos debemos hacer nos permiten entender mejor a nuestro cliente.

La ventaja de utilizar esta herramienta es que, si queremos sacarle partido, nos obliga compartir bastante tiempo con nuestros clientes para poder responder con criterio a las preguntas que nos plantea. Muchos profesionales que la utilizan acaban comprendiendo a través del reto de responder a las preguntas que no conocen realmente a sus clientes.

Lo importante por destacar de esta herramienta es que es muy difícil responder con precisión estas preguntas si no pasamos tiempo con nuestros clientes.

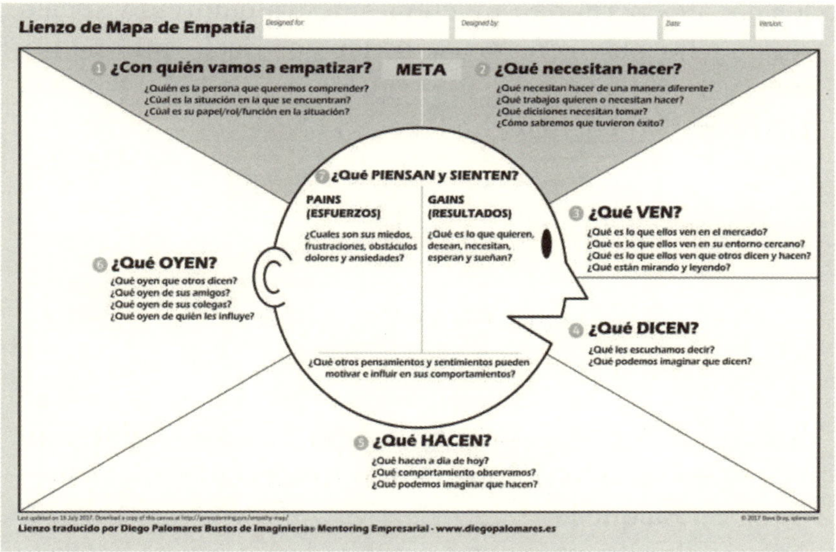

Una buena práctica, muy sencilla y enriquecedora que te recomiendo, es preparar una sesión de campo con tu equipo para definir el mapa de empatía con clientes.

Antes de realizar la acción, sería interesante que rellenéis primero individualmente, y luego colectivamente el mapa de empatía de vuestros clientes. Una vez relleno, os dividís y os repartís para estar atendiendo en una tienda, escuchando llamadas en un *call center* o visitando a clientes con un comercial. Es aconsejable hacerlo en dos días consecutivos durante más o menos una jornada laboral. Una vez finalizada la experiencia de campo, os volvéis a reunir y volvéis a escribir desde cero los mapas de empatía, e incluso os podéis animar a rellenar algunos *canvas* de personas con las que hayáis interactuado. Lo primero que notaréis es la cantidad de información que habéis traído de esa experiencia real con los clientes. Lo segundo es que seguro que los clientes os han sorprendido por varias razones: la primera es que os han planteado situaciones que nunca hubieseis imaginado; la segunda es que los clientes perdonan mucho a nuestra empresa y suelen ser mucho más cercanos y generosos de lo que pensamos; y lo tercero es que te preguntarás... ¿POR QUÉ NO HABREMOS HECHO ESTO ANTES?

ESCUCHAR Y ACTUAR

Bueno, pues hemos pasado tiempo con los clientes, los hemos escuchado porque hemos sintonizado su frecuencia y ¿ahora qué?

Pues ahora toca actuar y cambiar las cosas que has visto que a los clientes no les sirven, no les gustan, no entienden, les molestan..., incluso poner en marcha nuevas ideas sobre problemas que ellos puede que ni sepan que tienen.

Muchas veces me he encontrado, a lo largo de mi vida profesional, con problemas de clientes sin solucionar, que todo el mundo sabe que existen, pero a los que nadie «*mete mano*». Esto pasa en todo tipo de empresa, en todo tipo de sectores, estando involucradas personas de todos los niveles de la organización, algunas, incluso, con poder importante para poder solucionarlos.

¿Por qué sucede esto? Podríamos decir que por *«falta de compasión con el cliente»*. Suena muy duro, pero es así. Muchos profesionales no son conscientes de lo que puede sufrir un cliente gracias a nuestra empresa. Recientemente un amigo me contaba que tuvo una muy mala experiencia con una gran marca y su decepción fue total y doble: no esperaba en absoluto ese tipo de problema de esa marca y menos el trato que le dieron sus directivos de experiencia de cliente. Me decía que al menos estaba muy agradecido a unos empleados porque hicieron todo lo que estaba en sus manos por ayudarle, aunque el daño ya estaba hecho.

Si al cliente le duele no ser escuchado, más le duele que se escuchen sus problemas y que nadie actúe para solucionarlos.

La pregunta que siempre me he hecho cuando he visto situaciones donde mis clientes tenían problemas con nuestro servicio es:

«¿Me gustaría tener yo ese problema y que todo el mundo mirase hacia otro lado?»

Las emociones son claves en las decisiones de los clientes para apostar por nosotros o abandonar nuestra empresa. Colin Shaw afirma en su libro «The intuitive customer»[7] que *«un cliente compra emocionalmente y se justifica racionalmente»*.

Conseguir que toda la organización actúe para solucionar los problemas del cliente es crítico para que nuestra empresa cambie. Unas veces será de manera general

---

7 «The intuitive customer: 7 imperatives for moving your customer experience to the next level», Colin Shaw & Ryan Hamilton, 2016 – Palgrave Macmillan

modificando un proceso, creando un nuevo producto o servicio, o incorporando nuevas funcionalidades. En otros, solucionando un problema particular de un cliente. Ser capaces de conseguir que todos los empleados se sientan responsables de solucionar un problema de un cliente es claramente un cambio cultural.

Si destacamos dos ejemplos interesantes de empresas que han conseguido implantar esa cultura serían los de Southwest Airlines o Zappos.

En el caso de Southwest Airlines, la cultura de cliente creada por su cofundador y CEO, Herb Kelleher, se focaliza fundamentalmente en sus empleados. En el propio proceso de selección, Southwest fija tres criterios para elegir a un empleado, por encima de sus capacidades: un espíritu guerrero (querer ser excelente, actuar con coraje, perseverar e innovar); un corazón de sirviente (poner a los otros por delante, tratar a cada uno con respeto y atender proactivamente a los clientes) y una actitud divertida (pasión, alegría y una aversión a tomarse demasiado en serio a uno mismo). Esto ha llevado a Southwest a ser una compañía que durante más de cuarenta años nunca perdió dinero en un ejercicio, siendo la aerolínea con menos reclamaciones de clientes y con un 85% de la plantilla sintiéndose orgullosa de trabajar en ella.

Si hablamos de Zappos, posiblemente la clave de su éxito con el cliente viene por la decisión de su CEO, Tony Hsieh, de implantar la Holocracia, un modelo organizacional donde se prima la autoorganización y el empoderamiento que se fomenta al confiar en la responsabilidad de los empleados.

Es posible que para tu empresa sea muy complicado a corto plazo apostar por políticas tan ambiciosas como estas, pero creo que siempre se puede mejorar con pequeños cambios, algunos de ellos inspirados en lo que hacen empresas con las citadas. Además, esos cambios al mismo tiempo que mejoran la cultura de cliente generan otra serie de dinámicas muy positivas para la organización y las personas.

Pero también hay otras maneras de empezar a trabajar en el corto plazo con soluciones relativamente asumibles por todos. Si tuviese que destacar una de las que he conocido en los últimos años sería una práctica para medir la satisfacción de cliente en ING España. Diariamente realizan una encuesta a clientes con la que obtienen entre sesenta y setenta respuestas. En la encuesta se valoran dos aspectos de uno a diez: la satisfacción del cliente y si recomendaría los servicios de ING a otra persona. Además, se le da al cliente la opción de poner un comentario sobre su interacción con la empresa. El informe obtenido se remite cada mañana a cuatrocientas personas de la organización. Aunque algunos puedan pensar que no es una muestra significativa para valorar la satisfacción del cliente, lo que crea esta encuesta diaria, que se puede leer muy rápidamente, es una visión compartida de la opinión del cliente. Como son pocos casos, los casos individuales de clientes se acaban convirtiendo en parte de la conversación diaria de los empleados. Creo que esta puede ser una buena herramienta para escuchar y, al mismo tiempo, potenciar la urgencia en la acción en la organización.

Confiar en el empleado y empoderarle para que se responsabilice en solucionar los problemas del cliente que identifique es, sin lugar a duda, una de las claves para poder transformar tu empresa.

Para acabar este capítulo sobre el oído y el cliente me gustaría recordar a Steve Jobs en una de las frases que compartía en sus presentaciones:

«Permanece más cerca que nunca de tus clientes. Tan cerca que les puedas decir qué necesitan incluso antes de que ellos se den realmente cuenta».

Valora el cumplimiento de estas afirmaciones en tu empresa.
(Puntúa con 1 si estás totalmente de acuerdo, 0,5 si lo estás con matices y 0 si estás en desacuerdo)

1.	En mi empresa cuando hablamos de satisfacción de cliente se hace con convencimiento	
2.	Los directivos de mi empresa suelen dedicar tiempo a reunirse con los clientes	
3.	En la convención anual de mi empresa suelen participar clientes para contarnos su experiencia	
4.	Los empleados de mi empresa conocemos el nivel de satisfacción de nuestros clientes	
5.	En mi empresa conocemos muy bien a nuestros clientes más valiosos	
6.	Tengo suficiente capacidad en mi empresa para poder resolver un problema de un cliente	
7.	La retribución variable de mi empresa incluye un indicador sobre la satisfacción del cliente	
8.	Una mala atención a un cliente suele tener consecuencias para el que la realiza	
9.	El lenguaje de las comunicaciones de mi empresa permite a los clientes entender nuestros mensajes	
10.	Los clientes de mi empresa se sienten en general bien atendidos	
	Puntuación total - Oído	

5. EL OLFATO: EL CAMBIO EN LA TOMA DE DECISIONES

El olfato es un potente mago que te transporta a través de miles de millas y de todos los años que has vivido.
Helen Keller

Hemos hablado de vista y oído y ahora nos toca hablar del tercer sentido: el olfato. Es un sentido que nos permite valorar el estado de los alimentos que vamos a comer, identificar por el olor posibles peligros o presencia de elementos o incluso personas. Es un sentido que también nos permite asociar olores a recuerdos de lugares, seres queridos, situaciones del pasado... Como todos los sentidos, no solamente necesita de elementos para recoger y procesar las señales externas, sino que también necesita al cerebro y al sistema nervioso para asociar esas señales a sentimientos.

He querido asociar este sentido a la manera en la que las organizaciones toman sus decisiones. Esta es una capacidad crítica de una empresa y responsable de muchos de sus éxitos y fracasos. A los directivos en el fondo nos pagan por tomar decisiones. En realidad, todo en la vida es tomar decisiones:

cada segundo en nuestra vida es una toma de decisión. Cruzo la calle o no; paro o sigo caminando; sigo escribiendo o llamo a un amigo; cojo esta llamada o llamo después. Siempre he pensado que, en cada momento, con esa decisión, estamos eligiendo un camino en nuestra vida. Por ejemplo, un día cambié el camino que utilizaba para ir a los despachos de los profesores de Teleco y por esa razón pasé por delante de un cartel de Becas en Telefónica que condicionó mi vida durante veinticinco años. Decisiones grandes, medianas, pequeñas, importantes, anecdóticas… pero indudablemente decisiones que nos pueden cambiar la vida.

Pienso que las empresas tienen un gran problema en la toma de decisiones y lo vamos a abordar utilizando como analogía el sentido del olfato. Decidir si este alimento que voy a comer está en buen estado o no, puede condicionar mi salud. Decidir si este olor intenso puede deberse a una fuga de gas, también. Hay empresas y equipos directivos que son muy buenos tomando decisiones y otros que realmente tienen que mejorar mucho en este aspecto.

Para analizar en este capítulo la toma de decisiones vamos a profundizar en los tres temas que se ilustran en la imagen.

CAMBIAR EL MODELO DE TOMA DE DECISIONES

Como decía, a los directivos nos pagan principalmente por tomar decisiones, y en esta capacidad es en una de las que más se distingue un buen directivo de uno mediocre.

La toma de decisiones está muy influenciada por una serie de aspectos como pueden ser la seguridad del directivo, la libertad que tiene para tomarla, la información de la que dispone, la urgencia por tomarla, el impacto que puede tener, la posibilidad de dar marcha atrás en la decisión... Como se ve son muchas consideraciones para tener en cuenta, lo que aumentan la complejidad de esta difícil tarea.

La seguridad del directivo es indudablemente una cuestión fundamental a la hora de tomar decisiones. La inseguridad agarrota al directivo, pero un exceso de seguridad puede ser también un problema importante. Necesitamos directivos seguros que escuchen las opiniones de sus colaboradores para enriquecer sus decisiones. La seguridad del directivo le debe llevar a rodearse de un equipo de profesionales que incluso mejoren sus capacidades en algunas disciplinas. Esto hará que muchas veces las decisiones realmente no sean tales, sino la consecuencia de ricos debates profesionales. Para que esto suceda necesitamos profesionales que sepan compartir sus visiones con criterio, e incluso discrepando del jefe, si es necesario, si ello lleva al bien común.

Desgraciadamente, aunque no debería ser así, cada vez es más frecuente ver directivos que se rodean de lo que podríamos llamar «palmeros» (creo que no es necesario que explique el significado del término), que son incapaces de poner sobre la mesa los problemas que puede causar la decisión que va a tomar su jefe. Esto está limitando considerablemente a las empresas porque empobrece mucho las decisiones, y acaba pasando factura a medio plazo.

Si queremos que nuestra empresa tome buenas decisiones necesitamos sin dudarlo directivos seguros y bien respaldados por sus equipos. Este debería ser uno de los criterios fundamentales a la hora de valorar el potencial de un directivo en tu empresa.

La urgencia nunca ha sido una buena compañera de las decisiones, aunque a veces no hay más remedio que tomar decisiones en situaciones límite. Pero todos tenemos que ser conscientes de que muchas decisiones se acaban convirtiendo en urgencias por haber ido demorándolas hasta que llega un momento en que la decisión se acaba «abalanzado sobre nosotros». Podríamos decir que es el coste de la indecisión. Una de las características fundamentales de un gran líder es que es capaz de tomar decisiones importantes cuando las cosas están yendo bien, sin esperar a que el negocio empeore. Esa anticipación es clave para poder tener tiempo incluso de corregir la decisión, si fuese necesario.

En el asunto de tomar decisiones; hacer los deberes a tiempo, vale su peso en oro. Me encanta la escena de la película «*Apollo XIII*»[8], cuando Gene Kranz, director de vuelo de la misión —interpretado por Ed Harris— tiene que decidir cómo conseguir que los tripulantes de la nave, que ha sufrido un problema y no va a poder llegar a la Luna, vuelvan sanos y salvos a tierra. Te recomiendo que veas la escena, disponible en Youtube, que acaba con la famosa frase de Gene Frazer: «*Nunca hemos perdido un hombre en el espacio y no lo vamos a hacer bajo mi mando. El fracaso no es una opción*». Me encanta su estilo de liderazgo, de escuchar a todos y al final decidir y actuar en base a la información que ha obtenido y a su criterio, transmitiendo seguridad y confianza a su equipo.

Posiblemente uno de los factores limitantes a la hora de tomar las decisiones es la propia organización de la

8 Apollo XIII (1995), dirigida por Ron Howard

empresa. La organización es la causante de muchos de los éxitos y también de los problemas de las empresas. Organizaciones hay para todos los gustos gracias a todas las posibilidades que da una combinación de rectángulos ocupados por personas y sus conexiones a través de líneas rectas (incluyendo las de puntos, que a veces pueden ser de máxima importancia). En mi vida he visto todo tipo de organizaciones y muchas veces reconozco que he pasado momentos divertidos intentando entender cómo se habían diseñado alguna de ellas. Pienso que hacer organigramas debería considerarse una disciplina de las artes. Básicamente creo que hay dos factores que condicionan totalmente a una organización y que afectan mucho a la toma de decisiones. Les vamos a llamar la «altura» y su «anchura». Podríamos decir que, en base a estos dos factores, hay cuatro tipos de organizaciones:

— Las que tienes que pintar en un folio en vertical: Son altas y tienen excesivos niveles jerárquicos. Esto acaba creando una situación donde la responsabilidad se acaba repartiendo entre demasiados niveles, lo que genera una organización débil con poco emponderamiento de los niveles intermedios. La consecuencia es que, en la mayoría de los casos, la decisión acaba tomándose demasiado arriba en la organización, con el consiguiente empobrecimiento de la figura de los mandos intermedios.

— Las que se tienes que pintar en un folio en horizontal: Son anchas y aquí el problema está en que las responsabilidades, dentro de un mismo nivel, están muy parceladas. Esto conduce a que todos acaban opinando para tomar una decisión, y la decisión se dilata, e incluso al final, el líder máximo es el que la acaba tomando, y encima con una importante dispersión de opiniones.

— Las que se tienen que pintar en un… A3 (e incluso un A2): Estas acumulan lo peor de las anteriores: son a la vez altas y anchas. Seguramente las podríamos llamar *«elefantiásicas»*. Comités multitudinarios y eternos, muchísimo reporting y, sobre todo, muy poca agilidad, salvo que se acabe imponiendo siempre la decisión del primer nivel. Directamente para repensarlas de arriba a abajo porque acaban siendo un auténtico «agujero negro de energía».

— Las que —exagerando— se podrían pintar en una servilleta: Organizaciones sencillas, con pocos decisores y muy equilibradas por niveles. Hace poco un cliente tomó la decisión de reducir su comité de dirección de diez a cinco personas, medida que aplaudo. En un grupo reducido las decisiones se toman mejor, el equipo se cohesiona más y el debate es más rico porque acaba siendo más sincero. Incluso puede que se acabe discutiendo más, lo que aporta diferentes puntos de vista. Claramente apuesto por las estructuras más simples si queremos mejorar en la toma de decisiones.

Una de las medidas más famosas en Amazon es la obsesión de Jeff Bezos porque las reuniones en las que se tengan que tomar decisiones sean reducidas. Para ello ha definido *la regla de las dos pizzas:* no pueden asistir a una reunión decisoria más personas que las que puedan ser alimentadas por dos pizzas. A veces, fijar este tipo de normas *«excéntricas»*, pero fáciles de recordar y aplicar, ayuda mucho en una organización.

Resumiendo, para cambiar el modelo de toma de decisiones toca revisar la organización, evaluar la capacidad de nuestros directivos y definir los elementos de gestión en los que se soportan la toma de decisiones, como son comités y formatos de reuniones, y por supuesto implantar algún tipo de medida o regla que ayude a recordar a todos las normas a seguir.

ANALIZAR LOS ERRORES

A nadie le gusta cometer errores, a pesar de que los errores son la mayor fuente de aprendizaje que tiene un profesional en su carrera. Recordando la sabiduría popular con el dicho «*nadie escarmienta en cabeza ajena*», intentar aprovechar los errores propios son una gran fuente de aprendizaje para el futuro, especialmente a la hora de tomar decisiones.

En las empresas está mal visto hablar de los errores. Son como familiares de los que nos avergonzamos. Recuerdo una vez a un conocido decir de un compañero suyo:

> *«No te lo vas a creer, va el tío y le dice al presidente que ha cometido un error. Hay que ser tonto».*

Unas veces la soberbia y otras el espíritu de supervivencia, nos impiden trabajar los errores del pasado como fuente de aprendizaje para el futuro.

Muchas veces los errores no se llegan a identificar porque los proyectos tienen una duración excesiva que dificulta hacer un análisis forense del mismo. Si encima, a lo largo del mismo se producen cambios organizativos, la dificultad es todavía mayor. Hay una cierta tendencia a que un nuevo jefe pare los proyectos del anterior para que se note bien su llegada y que ha venido a cambiar las cosas, algo que muchas veces es necesario y algunas no tanto. En los casos en los que no es necesario me parece un ejercicio de soberbia, inseguridad y sobre todo un desperdicio de recursos y falta de respeto para tu nuevo equipo, que al fin y al cabo es el que los ha estado trabajando.

¿Cómo podemos aprovechar los errores del pasado? Desde luego que lo primero es creando un entorno de confianza donde se puedan compartir estas experiencias. Poder hablar abiertamente de las razones de los errores de tus proyectos, enriquece a todos y permite hacer una reflexión profunda de por qué han pasado ciertas cosas. El ser humano no es infalible, y a veces hacer ese análisis forense de un proyecto puede ser una magnífica herramienta para mejorar en el futuro. Te recomiendo que, una vez acabado un proyecto, os sentéis el equipo que lo ha ejecutado y converséis entre todos sobre lo que ha ido bien y lo que no ha funcionado. Compartir experiencias y sobre todo experiencias comunes es lo que acaba creando un equipo sólido.

Otra alternativa, sin duda mucho más arriesgada, es organizar una sesión de *«fracasos»*, tipo terapia. Cada uno prepara, antes de la sesión, un caso en el que considere que la experiencia puede catalogarse desde el punto de vista de negocio como un fracaso, y se comparte ante los compañeros. Aquí lo importante es que cada uno traiga el suyo, y no juzgarlos. En el fondo, el mejor resultado de estas reuniones no es la colección de fracasos en sí, que muchas veces no pasará de anécdotas, sino la creación de un ambiente de comprensión y tolerancia respecto a que a veces las cosas no salen bien a pesar de la buena intención.

Si no somos capaces de aprender de nuestros errores y fracasos del pasado, en el medio largo plazo acabaremos no tomando decisiones por miedo al error, y esto es algo que las empresas no se pueden permitir.

Muchas veces la herramienta que más se utiliza para tomar decisiones es la intuición, que es un medio que puede ser útil en las decisiones simples, pero que conviene solo utilizar en las decisiones complejas cuando sea la última alternativa y sea necesario tomar una decisión que evite el error de la indecisión.

Utilizar datos para tomar decisiones puede ser en muchos casos la mejor herramienta para que la decisión caiga por su propio peso. Personalmente he sido muy afortunado de desarrollar mi carrera profesional en una empresa como Telefónica, donde en las unidades en las que he trabajado o dirigido hemos dispuesto de grandes sistemas de inteligencia de negocio y magníficos profesionales que nos facilitaban mucho las decisiones de negocio en base a datos. Disponer de datos de un negocio casi en tiempo real, con buenas herramientas de visualización, facilita mucho al gestor hacer las preguntas oportunas para tener las respuestas que llevan a una buena decisión. A veces con los datos no basta, pero ayudan y mucho. Nunca le estaré lo suficientemente agradecido a las personas de mis equipos que nos ayudaron tanto, y que muchas veces sufrieron gran presión por tener los datos o los informes listos a tiempo. Esta es la suerte que he tenido de trabajar con grandes profesionales.

Una de las grandes ventajas que trae la digitalización es la capacidad que tenemos de generar datos de las operaciones, procesarlos, visualizarlos y tomar gracias a ellos mejores decisiones. El uso de la Analítica de Datos es fundamental en esta nueva era y no aprovecharlo, un grave error en las organizaciones.

Alberto Turégano, gran experto en *Data Analytics,* uno de esos grandes profesionales que me ayudó en Telefónica, y que ahora es uno de mis socios en *Líderes y Digitales*, enumera las cinco palancas que una empresa necesita para poder desplegar su Arquitectura de Analítica de Datos y que se pueden ver en la imagen.

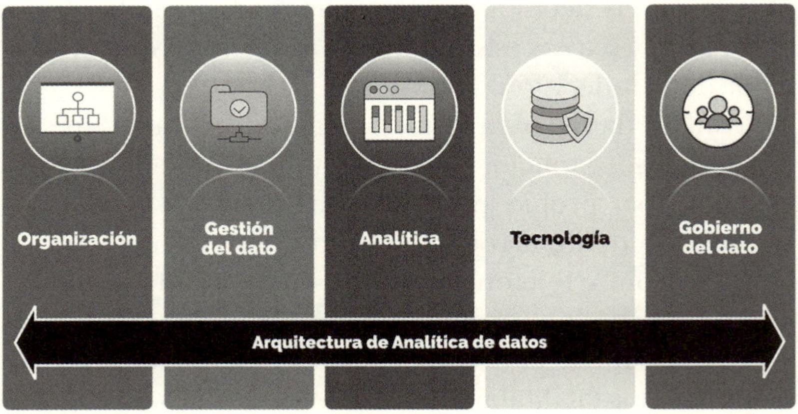

©Alberto Turégano Schirmer

El desarrollo de estas cinco palancas supone una importante apuesta de la empresa, tanto en términos de recursos humanos, tecnológicos y económicos, como de cambios organizativos y culturales, y tiene que estar alineada con la estrategia de transformación digital de la compañía. De nada sirve intentar apostar por un cambio de este tipo si no es integral, porque los esfuerzos escasos en este campo son directamente malgastar tiempo, dinero y consumir energía del equipo.

Sin embargo, si se hace una apuesta decidida, se puede progresar a lo largo de la escalera de madurez de analítica de datos que define Alberto y que tiene cuatro fases diferenciadas a medida que vamos desarrollando estas palancas del modelo. En la siguiente imagen puedes ver cuáles son estas fases.

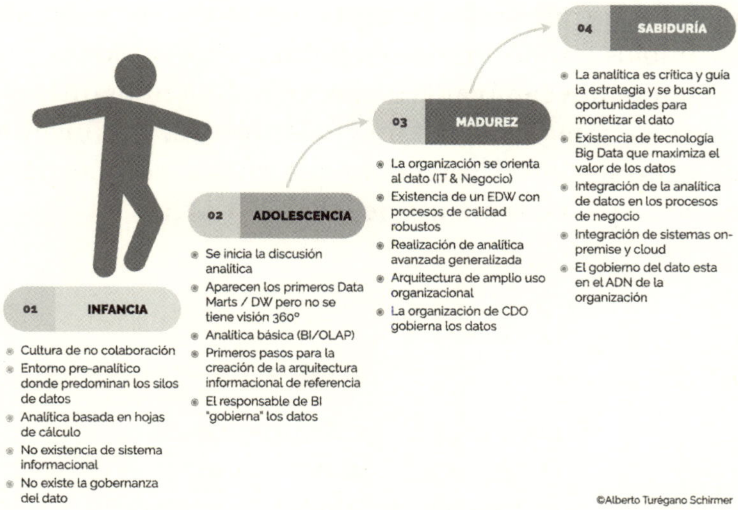

Como decía, esta es una inversión costosa en tiempo y recursos, pero desde luego que es una apuesta ganadora que recomiendo, sin duda, para poder reinventar tu organización, y que no mejorará solamente las capacidades de toma de decisión, sino también la gestión de toda la empresa.

Te recomiendo que veas la película Moneyball[9], interpretada por Brad Pitt, donde se narra la historia real del equipo de béisbol de los *Oakland Athletics* y su gerente general, Billy Beane. Él fue un innovador que comenzó a utilizar las estadísticas para optimizar una de las decisiones más complicadas del negocio del béisbol: el fichaje de jugadores. Es un buen ejemplo del uso de analítica avanzada de datos. Billy Beane mejoró sustancialmente el rendimiento de su equipo utilizando estas técnicas, a pesar de toda la oposición interna que sufrió, pero no consiguió ganar las series mundiales. Dos años después los *Red Socks* de Boston lo lograron inspirados en los métodos de

9 Moneyball (2011), dirigida por Bennett Miller

Beane. Es muy interesante observar en la película la dificultad de la transición cultural cuando se quiere implantar cambios tan profundos en la toma de decisiones.

Si queremos cambiar la empresa, necesitamos un nuevo modelo de toma de decisiones más objetivo, más inclusivo y descentralizado. Un modelo que cuente con las personas, pero que no dependa de ellas.

Valora el cumplimiento de estas afirmaciones en tu empresa.
(Puntúa con 1 si estás totalmente de acuerdo, 0,5 si lo estás con matices y 0 si estás en desacuerdo)

1.	La toma de decisiones en mi empresa es ágil	
2.	En general el estilo de liderazgo de mi empresa fomenta la toma de decisiones en todos los niveles de la organización	
3.	La organización de mi empresa facilita la toma de decisiones	
4.	En mi empresa se toleran los errores	
5.	En mi empresa ponemos en común los errores o fracasos de los proyectos	
6.	Se podría decir que el reporting en mi empresa aporta valor en la toma de decisiones	
7.	Hemos acometido algunas inversiones en analítica de datos en mi empresa	
8.	En mi empresa hemos conseguido alcanzar una analítica de datos avanzada	
9.	Podemos decir que tenemos talento especializado en analítica de datos en mi empresa	
10.	Disponemos en mi empresa de herramientas de visualización avanzada de datos	
	Puntuación total - Olfato	

6. EL GUSTO: INNOVAR PARA CRECER

Si te quejas del sabor de la comida, significa que no tienes hambre.
Vikrant Parsai

El gusto es un sentido muy curioso. Si su principal función es que el ser humano a través de la lengua y sus papilas gustativas pueda evaluar las sustancias químicas que están entrando en su boca, básicamente una función de prevención de nuestra alimentación, lo hemos acabado convirtiendo con el tiempo en una medida de la capacidad de un ser humano de comer de manera variada y apreciar los sabores.

El gusto da la capacidad al ser humano de distinguir entre cinco tipos de sabores primarios: dulce, salado, ácido, amargo y *umami*, recientemente incorporado y presente principalmente en la comida japonesa.

Todos tenemos predilecciones y rechazos por alguno de estos sabores, y muchos además añaden como condimento favorito el picante, que, aunque no es uno de los sabores primarios, es parte importante en la alimentación de muchas culturas.

Tradicionalmente asociamos apertura de mente a las personas que comen todo tipo de alimentos, y decimos que una persona es «*rarita*» si renuncia tradicionalmente a alimentos que se salen de una lista reducida. Así es el ser humano, para el que la comida es tan importante que hasta somos capaces de calificar a las personas por lo que comen.

También solemos extender el concepto de gusto más allá de su función sindicada a la alimentación, asociándolo a nuestras preferencias de todo tipo: moda, literatura, música, deportes…

He pensado que el sentido del gusto es el que podríamos asociar a la innovación dentro de la empresa, tan necesaria para poder evolucionar y adaptarse a los retos del entorno.

Hay empresas y directivos que «*comen de todo*» y «*se atreven a probar nuevos sabores*» y sin embargo en otros casos, prefieren que «*no les saquemos de lo que siempre hemos comido en casa*». Diríamos que es, nunca mejor dicho… «*cuestión de gustos*».

En este capítulo del gusto y la innovación me gustaría desarrollar los tres temas que vemos en la siguiente imagen.

APOSTAR DECIDIDAMENTE POR LA INNOVACIÓN

Podría haber titulado este punto solamente como «apostar por la innovación». Realmente todos podemos decir que innovamos. Es cuestión de lo que cada uno queramos entender por innovación. Para algunos puede ser simplemente cambiar el nombre de un producto o viajar a ver cómo hacen las cosas las empresas en otro país.

Pero la innovación solamente es una oportunidad si apostamos decididamente por ella. Como decía Peter Drucker *«La innovación es el acto que otorga a los recursos una nueva capacidad para crear riqueza»*. Esto requiere que, para que sea realmente innovación, dotemos a esta actividad con recursos y se genere crecimiento tangible a la empresa. La innovación no va de hacer pequeños experimentos, sino de apostar decididamente para cambiar el rumbo de la empresa.

Una de las razones por las que las empresas carecen de ese espíritu innovador, lo resumía muy bien el profesor Clayton Christensen cuando decía que *«las grandes compañías fracasan en la innovación disruptiva porque los equipos directivos están dominados por perfiles que han sido seleccionados por sus capacidades de ejecución más que por las de descubrimiento y creatividad»*.

Efectivamente las empresas en general están más diseñadas para ejecutar en el corto plazo que para innovar para el largo plazo. Volvemos al eterno dilema del que hablábamos en el capítulo de la vista, cuando incidíamos en el difícil equilibrio del corto-medio-largo plazo.

Esta es la razón por la que una de las principales decisiones que tenemos que tomar para innovar con éxito es establecer reglas del juego diferentes para los proyectos de innovación respecto a lo que llamaríamos *«business as usual»*. Estas reglas del juego afectan a muchos aspectos, desde los procesos que deben seguir los proyectos, la ubicación organizativa, los indicadores y objetivos del plan, el modelo de seguimiento y decisión, la colaboración o no con terceros, incluso a los perfiles de las personas que participarán en el proyecto.

Algunas empresas deciden dotar de un presupuesto anual para la innovación con un proceso de seguimiento totalmente independiente, que incluso permite la inversión en otros proyectos externos o *startups*. Esta opción ofrece ventajas en la velocidad de desarrollo de los proyectos, aunque puede suponer una cierta «*desconexión*» con el negocio principal de la empresa. La comunicación en estos casos es fundamental, y creo que la participación periódica de uno de los miembros del equipo de innovación en las reuniones de seguimiento del negocio sería necesaria. Así se evita que se trabaje en paralelo, y no se aprovechen las oportunidades de los proyectos innovadores.

Otras empresas, prefieren directamente realizar la innovación a través de inversiones parciales en *startups* u otras empresas. Esto soluciona el problema de que la innovación se encuentre atrapada en la organización. En el fondo con esta medida, te acabas convirtiendo en un «mecenas» de proyectos innovadores, hasta que ves si la oportunidad merece que aumentes la inversión, compres la empresa y la acabes integrando en tu empresa o directamente abandonarla.

Creo que otro tema relevante en las corporaciones es la mala gestión del presupuesto de innovación por su fragmentación y la descoordinación entre unidades y países. Mi solución para este tema es que la inversión para la innovación se centralice a nivel corporativo. Se podría generar un fondo global para innovación con, por ejemplo, un 2 o 3% del presupuesto de inversión total de cada unidad de negocio o geografía. Y luego se podría pedir a las unidades que si poseen ideas de innovación tienen que unirse varias unidades para crear un proyecto de innovación común y solicitar dotación presupuestaria a este fondo. Esto generaría un mejor aprovechamiento de los recursos de innovación, y evitaría que cada uno «*invente la rueda*» en cada unidad. Esto es muy común desgraciadamente en muchas empresas, y además de malgastar recursos, genera mal ambiente entre los equipos.

Personalmente veo complicado desarrollar la innovación de manera importante si no hay un impulso claro y decidido desde lo más alto de la organización. Porque, como decía antes, la innovación debe dar resultados, no simplemente debe ser una actividad que acabe justificando nuestro «espíritu innovador» en el Informe Anual a Accionistas, o en las entrevistas que hacen nuestros directivos en los medios de comunicación.

La innovación también debe darnos oportunidades de aprendizaje sobre los caminos a emprender como empresa. Y puede ser un magnífico campo de pruebas para profesionales con potencial, a los que se les puede dar una oportunidad de demostrar en entornos reales, su capacidad directiva.

Pero por encima de todo, la innovación debe ser una actitud de pensar que hay otra manera de hacer las cosas, una forma de romper el *statu quo* del conformismo y de que como trabajamos ahora es la mejor manera de hacer las cosas. La apuesta por la innovación es de alguna manera un rasgo de liderazgo.

Decía Steve Jobs que «*la innovación distingue al líder de los seguidores… La innovación no tiene nada que ver con cuántos dólares inviertes en I+D. Cuando Apple creo el Mac, IBM estaba invirtiendo al menos cien veces más en I+D. No se trata de dinero. Se trata de las personas que tienes, cómo las diriges y cuánto obtienes*».

En la era digital tenemos que ser conscientes de que la presión por la innovación va a ser todavía mucho mayor. Los cambios en los hábitos de las personas, las nuevas tecnologías que van apareciendo y la transformación de los modelos de negocio van a obligar cada vez más a las empresas y sus directivos a ir más allá y a cuestionarse los *qué* y los *cómo* de sus negocios.

Como botón de muestra de lo que es la innovación en los líderes digitales, en 2019 la inversión en I+D de Amazon, Apple, Google, Microsoft y Facebook se movió entre los trece mil seiscientos millones de dólares de Facebook y los treinta y cinco mil novecientos millones de dólares de Amazon. Simplemente, como dato de referencia, la inversión en I+D de todo el Estado español en 2018 fue equivalente a unos diecisiete mil seiscientos millones de dólares.

Apostar por la innovación también tiene que ver con el momento y con la comunicación. No todos los momentos son buenos para innovar. Si es un momento en el que los recursos económicos y humanos andan escasos, mejor no empezar a innovar de manera muy limitada. Es muy difícil tener resultados en esta situación, y lo único que se logra es consumir inútilmente ilusión y energía, combustibles que no se pueden derrochar, porque son los que se necesitan para que la innovación triunfe en tu empresa.

Como indicaba, la comunicación también es clave. Hay empresas que son capaces de capitalizar el éxito de las innovaciones gracias a su dominio de la comunicación. Por ejemplo, es increíble recordar cómo Apple llegó a vender como innovación en el iPhone la versión en la que incorporaron el *FaceTime* o el «cortar y pegar», capacidades que desde algunos años atrás ya tenían otros fabricantes. En la innovación tan importante es lo que haces, como la manera que tienes que comunicar esto interna y externamente.

ARRIESGAR

Podía haber hablado de arriesgar en el punto del olfato y la toma de decisión, pero he pensado que sería interesante asociarlo al gusto y la innovación. En el fondo, creo que en no asumir riesgos hay mucho de lo que te estás perdiendo, y eso siempre se asocia más al gusto.

El miedo al riesgo es uno de los principales frenos de la innovación. La innovación, en sí misma, no tiene por qué ser arriesgada, pero a veces hacer las cosas de manera diferente genera una sensación de inseguridad en las personas.

Al final es un poco como los alimentos. No arriesgarte a probar uno desconocido puede llevarte a dejar de probar un manjar. Esto nos ha pasado a todos en algún momento de nuestras vidas.

La innovación modifica muchas veces el statu quo de las organizaciones y todos los esquemas establecidos. Y seamos sinceros, unas veces por la pereza y otras por el miedo, no nos gusta cambiar. Queremos tener todo controlado e innovar muchas veces supone quitarte tus prejuicios y hacer las cosas de manera diferente. También exige priorizar los recursos y el talento de manera discordante a lo conocido, y eso impacta en el negocio tradicional y en los hábitos de todo el equipo.

Además, en general cuesta mucho sumar compañeros de aventura a experiencias de riesgo en el ámbito corporativo. No es lo mismo que seas tú el que te compliques la vida con una medida que puede implicar riesgo, a que tengas que luchar, por circunstancias de un proyecto en el que te ha tocado trabajar, para superar un contratiempo. Estamos más preparados para defendernos juntos que para asumir riesgos colectivamente.

Creo que la mejor manera de que no caigamos en el miedo a arriesgar en la innovación es que incorporemos algún método para valorar más los proyectos en los que se asuma más riesgo. Podría ser una buena idea que incluso entre los KPIs del proyecto de innovación, incorporemos uno que mida de antemano el riesgo de fracaso, marcando los aprendizajes que queremos obtener en el proyecto en el caso que no llegue a buen puerto.

Si tu empresa está en la encrucijada de tenerse que reinventar, automáticamente debe subir mucho el nivel de riesgo que se tiene que asumir individual y colectivamente. Este es uno de los factores que debemos tener claro para saber si va a ser posible reinventar la empresa o no.

ANALIZAR MODELOS DE NEGOCIO DE TERCEROS

Como decíamos con anterioridad al citar al profesor Clayton Christensen, en las organizaciones suelen primar los perfiles con capacidades centradas en la ejecución en vez de capacidades centradas en la creatividad. Esto hace complicado que los profesionales sean capaces de encontrar tiempo para innovar y cuestionarse lo que hacen.

Pienso que una buena manera de poder capacitar a estos perfiles en encontrar nuevas formas de hacer las cosas es recurrir a su competencia o empresas de otros sectores. Analizar los modelos de negocio bajo los que compiten otras empresas, comparándolos con los propios, puede ayudar a identificar otras formas de hacer que permitan mejorar los resultados e incluso identificar nuevos mercados.

A veces dedicamos tanto tiempo a nuestros números y nuestro negocio, que se acaba convirtiendo en una lucha por conseguir alcanzar como sea nuestro presupuesto más que plantearnos nuevas maneras de superarlo con creces.

Muchas veces cuando hablamos de innovación y de nuevas formas de hacer las cosas se recurre al caso del saltador de altura norteamericano Dick Fosbury, que cambió para siempre la manera en la que se realiza el salto. Si con anterioridad a Fosbury se utilizaba las técnicas del rodillo ventral, occidental o la tijera, él introdujo una nueva técnica que mejoraba el salto desde un punto de vista biomecánico. Aunque con esa técnica, Fosbury ganó el oro olímpico en los Juegos de México en 1968, batiendo el récord olímpico, nunca batió la marca mundial, ni incluso se clasificó para los Juegos Olímpicos de Múnich. Encontró un «*nuevo modelo de negocio*» pero sus capacidades no le sirvieron para obtener los mejores resultados de esta nueva forma de competir, mientras que otros rivales al adoptar el estilo de Fosbury consiguieron superarle claramente con sus marcas.

Analizar el modelo de negocio de una empresa se puede realizar de muchas maneras y con diferentes perspectivas. Creo que una buena herramienta que puede servirnos de punto de partida es el «Business Model Canvas», creado por Alexander Osterwalder en 2009, y que se puede ver en la imagen.

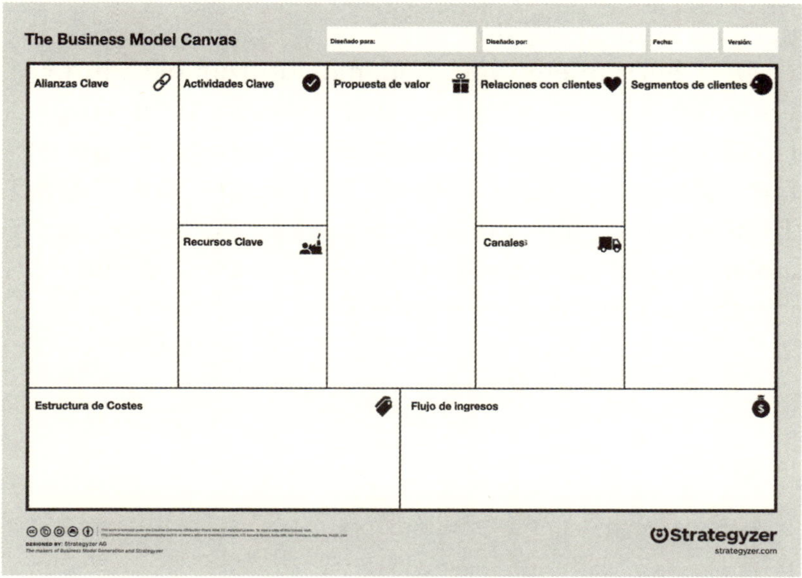

No voy a desarrollar el modelo porque en la web de la empresa de Alexander Osterwalder (www.strategyzer.com) y en internet tenéis muchos recursos para profundizar en el modelo y poder aplicarlo en vuestra empresa. Pero os recomiendo encarecidamente trabajarlo.

Utilizar esta herramienta para trabajar con el equipo cuál podría ser el nuevo «Business Model Canvas» y luego repetir el ejercicio con otras empresas competidoras del sector, nos puede «*abrir mucho la mente*» para entender cómo se puede competir de forma diferente en nuestro mercado. Esta puede ser la base para que posteriormente se profundice en aspectos concretos de cómo otros desarrollan su actividad, qué tecnologías utilizan, su mix de canales..., y eso nos debería llevar a cuestionarnos nuestras propias formas de gestionar el negocio.

Puede parecer una herramienta demasiado simple, aunque a veces lo simple puede ser realmente provechoso. Pero de verdad tenemos tanta necesidad de movilizar a los equipos para que entiendan los modelos de negocio con los que competimos, y obligarles a mirar fuera de la empresa, que necesitamos empezar por algo básico que permita avanzar a todos.

Otra herramienta que podemos utilizar para innovar y además también para comparar modelos de negocio es la «Estrategia de los océanos azules»[10] creada por los profesores W. Chan Kim y Renée Mauborgne de INSEAD. También os recomiendo que la utilicéis en vuestro negocio, porque además de aportar valor, ayuda a entender las variables sobre las que competimos.

10 https://www.blueoceanstrategy.com

Valora el cumplimiento de estas afirmaciones en tu empresa.
(Puntúa con 1 si estás totalmente de acuerdo, 0,5 si lo estás con matices y 0 si estás en desacuerdo)

1.	En mi empresa la innovación es una prioridad real	
2.	En nuestra organización tenemos un número relevante de perfiles innovadores	
3.	La innovación es una capacidad valorada profesionalmente en mi empresa	
4.	La innovación ha generado importantes beneficios económicos a mi empresa	
5.	Los profesionales de mi empresa asumen con frecuencia riesgos para innovar	
6.	La dirección de mi empresa fomenta la asunción de riesgos	
7.	En mi empresa se premia de alguna manera a las personas que han asumido riesgos	
8.	Utilizamos en mi empresa herramientas similares al Business Model Canvas para profundizar en nuestro negocio	
9.	En mi empresa analizamos con frecuencia cómo innovan nuestros competidores	
10.	La innovación tecnológica es importante en mi empresa	
	Puntuación total - Gusto	

7. EL TACTO: COLABORAR CON OTROS

La bondad es el principio del tacto, y el respeto por los otros es la primera condición para saber vivir.
Henry F. Amiel

Pues llegamos al quinto sentido: el tacto. Un sentido muy interesante que nos permite percibir algunas de las cualidades de los objetos como pueden ser su presión, temperatura, textura o dureza. Y todo esto lo podemos recibir gracias a la piel. Investigando sobre los sentidos para preparar este libro, me ha sorprendido saber que una persona puede vivir siendo sordo, ciego, perdiendo el gusto o el olfato, pero nunca podrá sobrevivir si perdiese las funciones de las que dota al cuerpo humano nuestra piel.

Justo en una época como esta, en la que se nos ha limitado mucho el tacto debido al riesgo de contagio, somos todavía más conscientes de la importancia del tacto y de la piel, y de cómo esta es uno de nuestros mayores elementos de interacción con el mundo externo.

Pensando en a qué podía asociar el tacto que fuese necesario para reinventar una empresa, he decidido que sea la capacidad de la empresa de colaborar con otros.

Hay empresas que claramente viven encerradas en sí mismas. En unos casos será por soberbia, en otros por timidez o dificultades de comunicación y en otros por darle poca importancia a las relaciones con terceros. En el fondo, les pasa lo mismo que nos pasa a las personas. La razón de no relacionarse con otros muchas veces es lo de menos, aunque la causa raíz puede impactar también adicionalmente en otros ámbitos. Lo que necesitamos es asumir que colaborar con otros permite cambiar de manera sustancial tu negocio.

La colaboración con terceros se puede acabar convirtiendo en una clara ventaja competitiva de una empresa, y todavía más en la era digital.

Vamos a hablar de cómo potenciar la colaboración con terceros desarrollando los tres temas que considero más importantes, como podemos ver en la imagen.

Según la Universidad de Michigan, «*un ecosistema está formado por la comunidad biológica de un lugar y los factores físicos y químicos que constituyen el ambiente abiótico*». Podríamos decir que un ecosistema en el mundo empresarial sería una comunidad que interactúa en el entorno competitivo, tecnológico y regulatorio en el que opera un sector o mercado.

Muchas veces ser capaces de trabajar con terceros es difícil por diferentes motivos. Lo primero es identificar quién puede ser esa «pareja de baile» con la que tenemos puntos en común. En el mundo empresarial no es obvio a primeras de cambio entender si se puede trabajar con una empresa determinada. A veces, las diferencias por temas de competencia, diferentes culturas, plataformas tecnológicas incompatibles, o incluso poca química entre las personalidades de los directivos, pueden hacer difícil que una potencial colaboración prospere más allá de unas cuantas reuniones bienintencionadas.

Esto nos lleva a que, igual que hacemos en la vida personal, hay que buscar espacios donde sea más fácil compartir intereses comunes con terceros. La digitalización ha creado un tipo de espacio de colaboración, el ecosistema, donde es posible que empresas se relacionen compartiendo una serie de tecnologías, datos, valores o metodologías. Incluso muchas de ellas compiten entre sí en otros campos. Por ejemplo, los grandes sistemas operativos móviles, Android y iOS, han creado ecosistemas donde múltiples empresas participan generando negocios para ambas partes. Por ejemplo, muchos desarrolladores han visto una gran oportunidad de negocio al decidir vender sus productos a través de las tiendas de los sistemas operativos móviles. De este modo, acceden a una gran base de clientes a los que les ofrecen con garantías sus aplicaciones, y a cambio reciben sus ingresos a través de la tienda, que obtiene por ello una comisión. Participar en estos ecosistemas les ha obligado a cumplir unos requisitos de usabilidad, seguridad y especificaciones técnicas que se han compensado con el acceso a ese nuevo mercado y a información y datos que posiblemente nunca hubiesen obtenido si lo hubiesen intentado comercializar directamente.

Formar parte de un ecosistema, supone muchas veces tener que renunciar a tu forma de hacer las cosas, con el fin de acatar unas reglas comunes que permitan la interconexión entre los miembros del ecosistema. Esa renuncia tiene como contrapartida beneficios en otros aspectos como pueden ser acceso a nuevos mercados, rapidez en la implementación de acuerdos o servicios, interoperabilidad de tecnologías…

Creo que, además, apostar de manera decidida por uno o varios ecosistemas ayuda a corregir una carencia que tienen las empresas, ya que muchas veces pensamos que nadie es capaz de hacer mejor que nosotros nuestras cosas. Tener que adaptarte a una metodología o arquitectura, te ayuda mucho a distinguir realmente entre lo que es diferencial de tu operación y otras cosas que realmente son accesorias, y que pueden cambiarse sin que haya ningún problema.

El ecosistema también facilita a veces la toma de decisiones estratégicas, minimizando el riesgo de las aventuras, al apostar por soluciones que se comparten con otros. Puede suponer una manera de reducir el riesgo en ciertas inversiones nuevas, donde no se tiene claro si la rentabilidad de la acción será positiva. Digo a veces, porque también puede llevarnos en equipo a un fracaso, pero en ese caso posiblemente la pérdida sea menor, y la capacidad de pivotar y encontrar una alternativa sea más factible.

Para participar en ecosistemas, hay que tener la mente muy abierta y sobre todo saber a qué hay que renunciar para avanzar. Participar en un ecosistema como miembro fundador se puede ofrecer una cierta ventaja, aunque también exige siempre un mayor compromiso que puede suponer mayores inversiones en dinero y recursos. Una alternativa es entrar cuando el ecosistema, como puede ser un *Marketplace*, está ya en marcha. En ese caso, llegaríamos como se dice «*a mesa puesta*», minimizando el riesgo, aunque también tendremos menos capacidad de influencia.

¿Tienes identificados los ecosistemas en los que participa tu empresa o en los que podría participar? Esta es una tarea cada vez más importante y, como se puede leer en los periódicos, cada vez más empresas optan por firmar acuerdos de alianzas o participación en ecosistemas para desarrollar conjuntamente negocios. Por ejemplo, los operadores de telecomunicaciones están llegando a acuerdos con los proveedores de servicio en la nube como Amazon, Microsoft o Google para integrar sus servicios empresariales al mismo tiempo que se benefician también de los servicios digitales de los proveedores. Al final, todos acaban ganando.

CREAR NEGOCIOS CON TERCEROS

En la vida dos de las mejores maneras de conocer a alguien bien es haciendo negocios o viajando de vacaciones juntos. Ambas tienen sus riesgos y también sus beneficios. Seguro que alguna vez te has arrepentido de una de estas experiencias, pero también alguna de ellas forma parte de tus buenos recuerdos vitales.

Una buena manera de colaborar con otros es crear negocios juntos. Hacer negocios entre dos empresas permite complementar las capacidades de ambas. Recuerdo que hace años una de mis mejores experiencias profesionales de este tipo consistió en hacer un anuncio de TIDOS, nuestro querido superhéroe del 11822, con la empresa FIAT. Nosotros teníamos presupuesto para publicidad, pero nos faltaban coches para sortear a nuestros clientes, y ellos tenían coches, pero no tenían presupuesto para una campaña de TV del Fiat Panda. Nuestro equipo propuso a FIAT hacer una acción conjunta poniendo en común lo que teníamos cada empresa para cumplir nuestros objetivos individuales. Al final, gracias al buen hacer y la buena voluntad de los dos equipos lo conseguimos, demostrando que juntos se trabaja mejor.

Más allá de una iniciativa puntual como esta, hay ejemplos actuales de colaboraciones entre empresas en negocios que llaman mucho la atención. Ante los cambios que se van a producir en el sector de la movilidad con la aparición de servicios de «Mobility as a service», como los que ofrecen Share Now, Zity, eMov o Wible, han aparecido alianzas interesantes que da una idea de lo que se puede hacer juntos. Por ejemplo, las iniciativas ShareNow (carsharing, alquiler de coches por minutos) y FreeNow (plataforma de servicio de taxi) pertenecen a una empresa conjunta de Daimler y BMW, tradicionales rivales del sector del automóvil. Si hablamos otras iniciativas similares, Wible es una alianza entre KIA y Repsol, y detrás de Zity están Renault y Ferrovial. Como se ve una buena forma de innovar en una tendencia que afecta a varios sectores —automóvil, servicios en la ciudad, energía— compartiendo experiencia con otros socios que complementan tus capacidades.

Otra alternativa es crear un negocio con un *startup*. Quizás en este caso hay que valorar más cómo se puede colaborar, pero puede ser una buena opción. Hay múltiples maneras de hacerlo, desde la inversión puramente financiera en la *startup*, pasando con una operación conjunta con reparto de recursos o funciones, a una opción intermedia como puede ser que además de ser socios, la empresa sea un cliente beta de la empresa emergente. Cada una de las soluciones aporta diferentes ventajas a ambos socios. En unos casos, puede ser financiación para la *startup* a cambio de rentabilidad para la empresa. En el segundo caso, acceso a recursos y talento para la *startup*, y aprendizaje en nuevas formas de trabajar para la empresa. Y en el tercer caso, la *startup* gana un cliente de garantías para su negocio, al tiempo que la empresa puede ser la primera en aprovechar los beneficios de la nueva solución.

Desde luego que, para comenzar a realizar negocios con terceros, es muy importante mirar más allá de la empresa, analizando bien los problemas que tenemos que resolver, qué sectores o mercados ofrecen oportunidades para el futuro, o qué empresas pueden encajar mejor con nuestra cultura o tienen más necesidades de nuestros activos o recursos. Diríamos que en este caso hay que estar «*ojo avizor*» para identificar a los socios más adecuados.

Entiendo que, a esta altura del libro, habrás deducido que prácticamente todos los temas que he ido exponiendo están interconectados y muchas de las acciones requieren cambios en otras capacidades. Al final verás cómo estamos hablando de la reinvención a través de un cambio en las capacidades y sobre todo en la actitud. Básicamente como hacemos en otros aspectos de nuestra vida personal.

MOSTRAR LA EMPRESA

Como decía anteriormente muchas empresas padecen cierta «*timidez*» o «*soberbia*», lo que por diferentes motivos las acaba convirtiendo en grandes desconocidas para potenciales socios. Con este tema quiero abordar la necesidad de mostrar la empresa a la sociedad y a terceros, pero no mostrarla para compararse o aparentar lo que no se es. No estoy hablando de publicidad o de presencia en medios de comunicación de sus directivos. La publicidad y comunicación son muy necesarias, pero creo que en el entorno actual no son suficientes para generar esas conexiones con terceros para crear relaciones de futuro.

Estoy hablando de abrir la empresa a los profesionales del sector, a la sociedad, a otros agentes; estoy hablando de mostrar el talento interno de nuestros profesionales, las capacidades en las que sobresale la empresa, los proyectos destacados del presente y los que marcarán el futuro.

¿Y cómo podemos conseguir esto? Pues en gran medida participando en asociaciones, eventos, impartiendo conferencias, organizando jornadas de puertas abiertas, compartiendo videos de profesionales explicando sus proyectos… Dar visibilidad en el sector a los profesionales es una gran herramienta para generar confianza en el mercado y facilitar la posibilidad de acuerdos con terceros. Por ejemplo, creo que las empresas deberían primar que sus directivos con mayores capacidades de comunicación y pedagógicas participasen con frecuencia en talleres de formación, programas en Universidades y Escuelas de Negocio. Eso facilita transmitir a los agentes de la sociedad la riqueza del talento de la empresa, las oportunidades de colaborar, genera un interés por incorporarse a la empresa a potenciales candidatos con talento, y además facilita posibles contactos para colaboraciones futuras.

Por ejemplo, puede ser una buena forma de estar más cerca de todo el ecosistema de las *startups*.

En general, las empresas suelen ser excesivamente institucionales y distantes en estos temas, y para este tipo de sesiones o eventos suelen elegir a sus representantes pensando más en el nivel jerárquico que en la capacidad de empatizar del ponente con el colectivo al que se dirige. Nunca sabes dónde puede estar la oportunidad de que tu empresa encuentre un potencial socio, así que lo mejor es que tu empresa siempre luzca bien ante los demás. En este tipo de eventos se genera muchísima opinión sobre el nivel profesional de los directivos o empleados de una empresa, y hay que tener una estrategia y cuidar mucho los detalles de las presentaciones o los mensajes a transmitir. Algunas empresas, directamente usan el mismo mensaje, e incluso presentación, en todas las ocasiones con independencia del ponente, formato, público del evento en cuestión, y eso se puede pagar caro porque transmite desinterés.

Mostrar la empresa es una actividad crítica y creo que en general no hay una estrategia para ello, y muchas veces se deja demasiado a la improvisación o a la ambigüedad, lo que conlleva perder la oportunidad o que se acabe convirtiendo más en una intervención personal de un empleado.

Valora el cumplimiento de estas afirmaciones en tu empresa.
(Puntúa con 1 si estás totalmente de acuerdo, 0,5 si lo estás con matices y 0 si estás en desacuerdo)

1.	Mi empresa participa en algún tipo de ecosistema	
2.	Mi empresa es capaz de renunciar a algunos de sus principios de negocio, operativos, tecnológicos con el objetivo de participar en un ecosistema	
3.	En mi empresa se fomentan las reuniones con potenciales socios para nuevos negocios	
4.	Las operativas de mi empresa son lo suficientemente ágiles para trabajar con terceros	
5.	Los ingresos que obtiene mi empresa en negocios con terceros son relevantes en la cuenta de resultados	
6.	Mi empresa ha participado recientemente en algún negocio con una *startup*	
7.	Dentro de mi empresa se ha creado una iniciativa de aceleración de proyectos de *startups*	
8.	En mi empresa tenemos una estrategia clara de participación en eventos externos	
9.	En mi empresa solemos participar con ponencias en eventos del sector	
10.	En mi empresa se considera positivo que un profesional imparta clases en una escuela de negocios o universidad	
	Puntuación total - Tacto	

8 EL CEREBRO: COORDINACIÓN Y RACIONALIDAD

El cerebro es un órgano maravilloso. Comienza a trabajar nada más levantarnos y no deja de funcionar hasta entrar en la oficina.
Robert Frost

Empezamos con esta frase un poco ácida sobre el uso que le damos a veces al cerebro en la oficina. No digo yo que en general deje de funcionar, pero sí creo que en muchos casos se ralentiza, especialmente si la motivación escasea.

Después de repasar los cinco sentidos y su analogía con la empresa, vamos a hablar de dos de los principales órganos del cuerpo humano: el cerebro y el corazón. Claramente son importantes porque si dejan de funcionar el ser humano fallece. Esto no quiere decir que otros no sean críticos para mantener la vida, pero claramente estos lo son. Vamos a empezar por el cerebro.

El cerebro es indudablemente un órgano con el que interactúan los cinco sentidos anteriores, que tienen en el cerebro al responsable de que se conviertan en sensaciones las señales que los sentidos recogen a través de ojos, oídos, nariz, boca y piel. Intentando crear una analogía del cerebro y la empresa he pensado que este órgano podría ser todo eso que da armonía y equilibrio a la organización. Tenía otras posibles analogías, pero veo que esta nos permite ir completando la lista de tareas que necesitamos para poder reinventar la empresa ¿Y qué es lo que da en estos momentos armonía y equilibrio a una organización? Para mí son la coordinación y la racionalidad, que permitirán satisfacer las necesidades reales de la empresa. En la vida, el cerebro es el órgano al que tenemos que engañar para darnos caprichos que no podemos o debemos permitirnos, o en el que se refugia esa conciencia que nos repite día tras día que no estamos siguiendo la dieta, o el plan de ejercicio que nos habíamos planteado. El cerebro también se encarga de coordinar nuestros miembros para que podamos mostrar un comportamiento correcto ante el resto de la sociedad.

En este capítulo para hablar de coordinación y racionalidad vamos a profundizar en los tres temas de la imagen

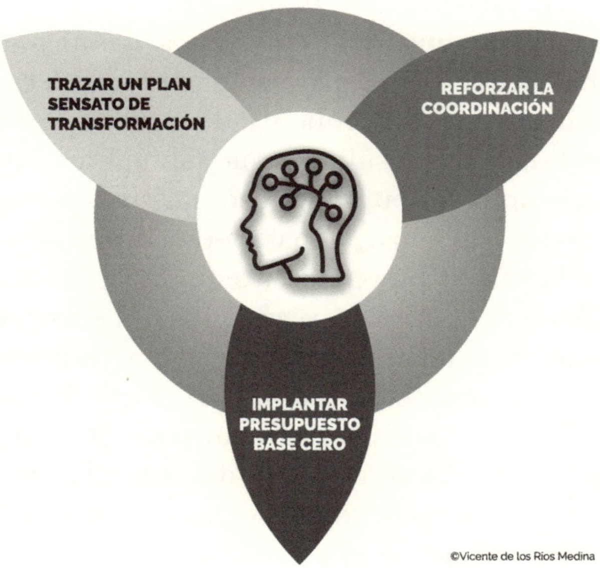

TRAZAR UN PLAN SENSATO DE TRANSFORMACIÓN

Para reinventarse, ya sea una persona o una empresa, hay que tener un plan, pero un plan de transformación sensato que sea posible implantar. Todos vemos oportunidades y amenazas en los momentos de turbulencias, en momentos de cambio como estos. Y para aprovechar las oportunidades y evitar las amenazas hay que delimitar muy bien que tenemos que hacer.

La situación que crea la suma de los efectos de la digitalización junto a la incertidumbre que ha traído el COVID-19, obliga a la empresa a trazar una hoja de ruta adecuadamente definida para salvar ambas amenazas. Los entornos inciertos son posiblemente, por la poca visibilidad que ofrecen, los mejores para hacer cambios estructurales importantes en las capacidades de las empresas. Si no tienes muy claro que va a pasar, y además desgraciadamente el mercado se enfría, puede ser el mejor momento para adoptar cambios que tenías pendientes para afrontar la digitalización.

Creo que algunas empresas van a desaprovechar la oportunidad que tienen para acometer ahora esos cambios tan importantes, porque sus directivos van a preferir contener la caída de resultados que supondrá la pandemia en, por ejemplo, un punto porcentual antes que emplear esta situación para hacer una apuesta agresiva por reinventar a la mayor brevedad su empresa para salir muy reforzados tras la crisis. A veces en la vida no hay mejor herramienta que tener un culpable al que responsabilizar de un cambio brusco de timón, y creo que la pandemia debería ser el «chivo expiatorio» para transformar a fondo la compañía. Veremos si muchos directivos la aprovechan para realizar la tarea pendiente de la transformación digital, no con mensajes, sino con hechos.

Si tuviese que definir cuáles serían las fases de ese plan de transformación, que llamaría sensato, y utilizando la metodología que empleamos en nuestros proyectos en Líderes y Digitales, lo resumiría en las tres fases que muestra la imagen.

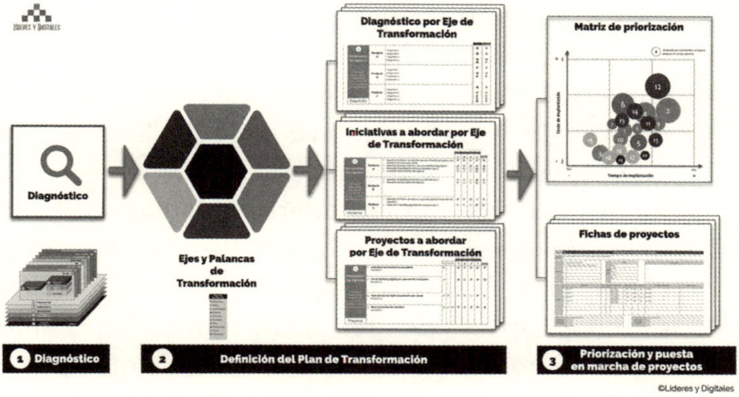

1. Diagnóstico: Sería la primera fase que nos permitiría entender cómo está la empresa en el nuevo contexto. Cubriría varias actividades.
   - Situación general de la empresa: Gran parte del trabajo de un plan de transformación surge de tener clara la situación de partida de la empresa. Nosotros en Líderes y Digitales utilizamos un modelo similar al de los cuestionarios que se incluyen en los capítulos de este libro. Identificando las claves de los procesos, habilitadores y canales de nuestro Modelo 3D y realizamos un diagnóstico de los mismos y asociamos los resultados a diferentes niveles de madurez de cada dimensión analizada.
   - Revisión del modelo de negocio en el nuevo entorno digital: Podemos utilizar el modelo del Business Model Canvas para trabajar este punto. Todas las palancas de nuestro lienzo se van a ver

afectadas de una manera u otra. Analizar cómo la digitalización impacta en nuestra estructura de ingresos y costes, nuestra propuesta de valor, segmentación, las relaciones con nuestros clientes, nuestros recursos y actividades clave..., nos permitirá identificar el tipo de cambios que debemos o podemos poner en marcha. Realizar este análisis profundo nos debería permitir también conversar con clientes, empleados y personas que nos puedan aportar su visión sobre los cambios que necesita nuestra empresa.

— Identificar las oportunidades y amenazas del nuevo entorno: A medida que vamos analizando el impacto de los cambios en nuestro negocio seremos capaces de identificar tanto nuevas amenazas como oportunidades. Es posible que, por la naturaleza del ser humano de ver antes lo malo que lo bueno, seamos muy rápidos en detectar problemas y no tanto la posibilidad que nos da el nuevo entorno para solucionar problemas del pasado. Hoy hablaba con mi amigo Pablo, peluquero, y me contaba cómo, debido a la pandemia, había tenido que tomar sobre la marcha muchas medidas en su negocio de peluquería Jean Paul Lazfer, justo a los tres años de abrirlo. Me contaba que había encontrado tanto nuevos problemas, como también soluciones a sus problemas o errores del pasado, y que creía que había sido capaz de obtener en neto una mejoría a pesar de la situación. Lo importante es la actitud de no ver nunca la botella medio vacía. ¿Eres capaz de identificar en tu empresa estas oportunidades?

2. Definición del Plan de Transformación: En esta segunda fase prepararemos nuestro Plan de Trans-

formación con la información que hemos recabado del diagnóstico. Podemos distinguir en esta fase varios entregables

— Seleccionar los ejes y palancas de transformación: Definir unos ejes de transformación es importante porque permite crear una arquitectura del plan que da visibilidad a una serie de temáticas que son claves en nuestra transformación. Cuando hablo de ejes, me estoy refiriendo a macroobjetivos que nos planteamos como los retos claves de transformación de nuestra empresa. Además, podemos definir las palancas que nos van a ayudar a traccionar el trabajo para conseguir los objetivos de estos retos. Esta apuesta por unos ejes y palancas facilita la organización del trabajo, el liderazgo y la comunicación del plan.

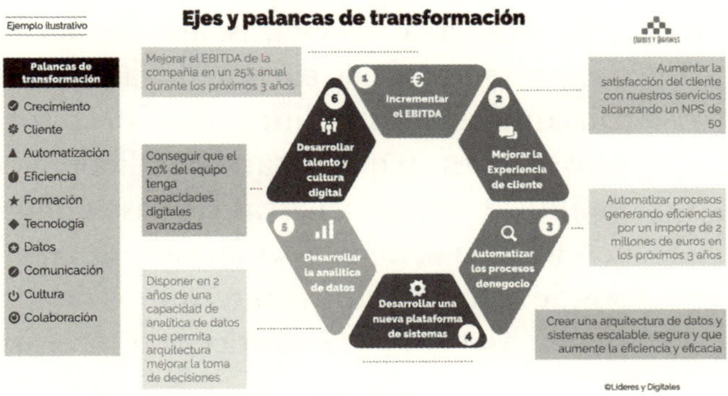

— Diagnóstico por eje: Tras elegir los ejes tenemos que organizar la información que hemos recogido en la fase de diagnóstico y asociarla a cada uno de ellos. Podemos además cualificar cada uno de los temas identificados en función de variables como «Importancia» o «Urgencia». Esta es una primera

manera de ir priorizando las acciones de nuestro plan.

— Iniciativas: Del diagnóstico pasamos a identificar iniciativas que nos permitan corregir las debilidades identificadas en el diagnóstico, encontrar soluciones a las amenazas, aprovechar las fortalezas e intentar sacar partido de las oportunidades. Diríamos que estas iniciativas son miniproyectos que se tendrán que desarrollar. Podemos también cualificar estas iniciativas en base al impacto que tendrán en el negocio, y las necesidades de recursos de cada iniciativa en términos de tecnologías, personas, cambios en procesos o presupuesto.

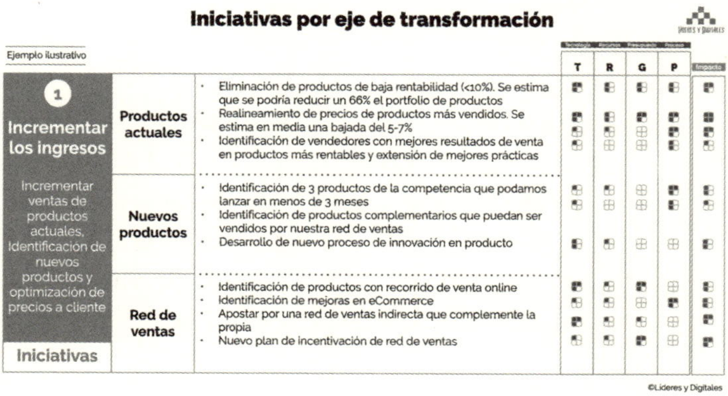

— Proyectos: Con el fin para mejorar la coordinación y organización, agrupamos las iniciativas en proyectos, de modo que podremos generar sinergias entre iniciativas y optimizar recursos económicos y humanos. Esto evita que cada iniciativa avance descoordinada del resto. Podemos también cualificarlas en base a su impacto y necesidades de recursos.

3. Priorización y puesta en marcha de proyectos: Una vez que tenemos listo el plan con un alto nivel de detalle toca acercarlo un poco a la realidad del día a día. ¿Cómo vamos a conseguir avanzar con todos nuestros proyectos y sus iniciativas en el día a día? Aquí entra la palabra «sensato» que he añadido a Plan de Transformación. La sensatez aparece porque tenemos que diseñar un plan que podamos acometer con visos de llevar a buen puerto. Un plan que encaje con nuestras capacidades, recursos y tiempos. Para ello creo que tenemos que trabajar dos aspectos importantes.

— Priorización de proyectos: Es importante que podamos priorizar los proyectos que hemos elegido para nuestro plan y, luego dentro de estos, las iniciativas que recogen. Esto no es siempre fácil, y en función de cómo sea tu empresa y los objetivos del plan, cambiarán las variables para fijar los criterios de priorización. En la imagen puedes ver un ejemplo de priorización de los proyectos de un plan.

Matriz de priorización de proyectos

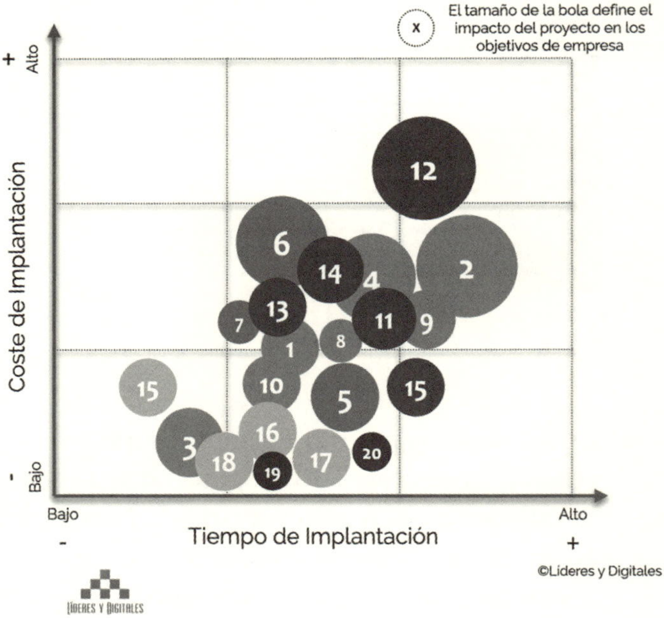

En este ejemplo, en el eje de abscisas, he elegido el tiempo que lleva implantar cada proyecto. En el de ordenadas, el coste económico del programa. Y, por último, el diámetro de cada proyecto define el impacto que tiene el mismo en los resultados de la compañía. De este modo somos capaces de poder priorizar los proyectos en base a las capacidades y prioridades de la empresa y elegir los que vamos a ir desarrollando progresivamente.

— Definición de fichas de proyecto y modelo de seguimiento: Una vez que tenemos todo priorizado, toca empezar a definir el plan final de cada eje y cada proyecto. Este podría ser un ejemplo de ficha de control de seguimiento de un eje.

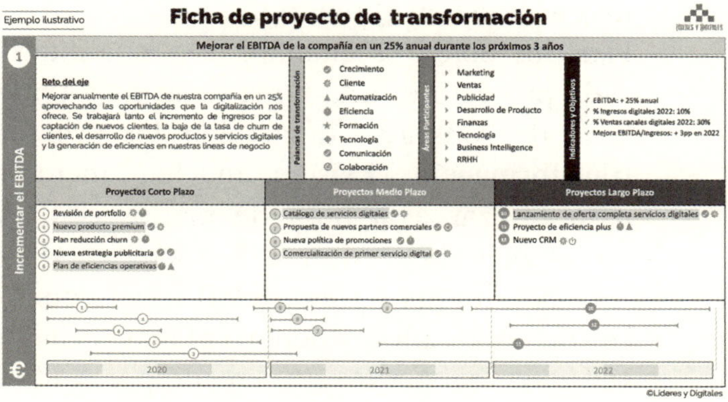

Cuando bajamos a nivel de proyecto, tendremos que detallar mucho más el trabajo a realizar y designar equipos de trabajo, iniciativas específicas a abordar, cronograma detallado de acciones, KPIs, recursos y, para su seguimiento, identificar claramente cuáles son los avances y los puntos críticos de cada uno de ellos. En la imagen puedes ver un ejemplo de lo que debería tener esa ficha de proyecto.

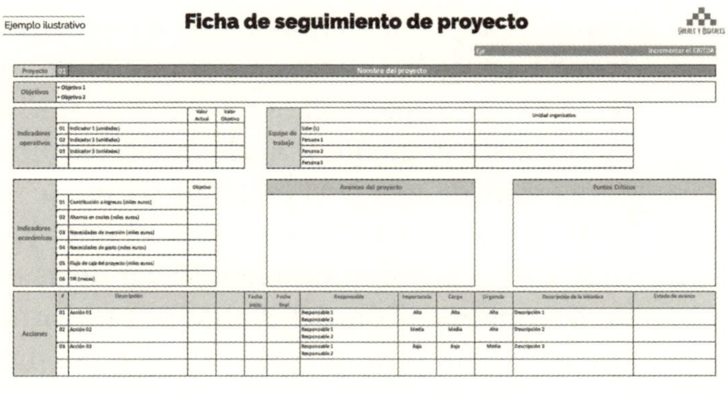

Uno de los temas fundamentales a la hora de diseñar todo este modelo es ser conscientes de que los proyectos no pueden ser muy prolongados en el tiempo porque se acaba perdiendo la trazabilidad de estos. Por eso es mucho mejor partirlos en varios subproyectos y que tengan una duración más acotada en el tiempo.

Fijar los objetivos cualitativos y cuantitativos de cada proyecto es una tarea delicada y crítica a la hora de conseguir desarrollar los proyectos de transformación. Existen muchas metodologías para utilizar a la hora de fijarlos como puede ser el método S M A R T (*Specific, Measurable, Accesible, Realistic y Time-related*) creado por George Doron en los años ochenta a el más reciente OKR (*Objetives and Key Results*) creado por Andy Grove, CEO de Intel y llevado al mundo de los *startups* por John Doerr. Este método es muy utilizado en empresas digitales como Google, LinkedIn entre otras.

También es muy importante cómo se realiza el seguimiento. Por mi experiencia debe ser muy ágil. Por eso hay que destacar en las fichas avances y puntos críticos. Hay que educar a los responsables a que el seguimiento sea más del tipo «*cuéntame lo que necesitas para cumplir el objetivo*», que el típico «*te voy a demostrar lo mucho que hemos trabajado*». La mejor noticia de la marcha de un proyecto es que avance sin que tenga que ser supervisado constantemente por el comité de dirección. Para eso es muy importante tanto cómo se ha diseñado, como la manera en la que el líder lo dirige y se realiza la comunicación. Voy a dejar el tema de la comunicación del Plan de Transformación, que es muy importante para el éxito del proyecto, para el punto específico de comunicación que abordaré unos capítulos más adelante.

Para terminar este punto sobre «trazar un plan de transformación sensato», simplemente reiterar la importancia de la sensatez. Dice el dicho español: «*El que mucho abarca, poco aprieta*»; y en este caso ser capaces de saber poner el límite de la sensatez de acuerdo con la capacidad de la empresa y equipo evitará pasar malos ratos, y sobre todo no quemar energía e ilusión sin sentido.

REFORZAR LA COORDINACIÓN

El cerebro es el órgano del cuerpo que se encarga de coordinar todos nuestros miembros, algo que es fundamental para que nuestra vida sea plena.

La coordinación en las organizaciones es clave. Gran parte de los problemas en las organizaciones vienen de que la coordinación entre unidades no existe, o que es tan pesada y lenta que hace que cualquier cambio no prospere.

Cuando hablamos de coordinación hay dos temas que me parecen fundamentales: la organización y los mecanismos de coordinación.

La primera herramienta de coordinación es la definición de la organización de la empresa. Gran parte de los problemas en la coordinación vienen de que la organización de la compañía no está basada realmente en las necesidades de la empresa, sino más bien en intereses personales, miedos o deudas del pasado.

La organización de una empresa es mucho más importante de lo que muchos profesionales piensan. Si recuerdas cuando hablaba en el capítulo dedicado al olfato y comentaba los cuatro tipos de organizaciones que yo identificaba en base a mi experiencia (folio horizontal, vertical...), la organización afecta a múltiples temas como pueden ser la toma de decisiones, el desarrollo y crecimiento de las personas, el reparto de presupuesto, la interlocución con terceros. Muchas veces cuando se crean estructuras muy «altas» y «anchas» se hace imposible la coordinación. La responsabilidad queda tan dividida y es tanta gente a la que coordinar, que los niveles superiores de la organización dedican mucho más tiempo a la coordinación y *reporting* que a hacer que la empresa crezca realmente. Si por el contrario la organización es muy limitada y plana, puede terminar ocurriendo que los directivos se pasan todo el día juntos porque al final, los pocos directivos que hay tienen que participar en todas las decisiones.

Otro problema que suele surgir en las organizaciones es el miedo a prescindir de personas que ya forman parte del organigrama. Es una reacción muy humana que en ciertos momentos el directivo presente dudas o miedos a remover a algunas personas de la organización. Muchas veces, el problema de que alguien sobre en una organización no viene tanto de esa persona, sino de quien le nombró para el puesto en el pasado. Acometer el desarrollo de una nueva organización con las manos atadas por deudas del pasado puede acabar convirtiendo el nuevo organigrama en un «personigrama», más centrado en colocar a personas en los huecos de la organización. Esto poco o nada tiene que ver con las necesidades de la empresa y condicionará mucho la coordinación de los proyectos de transformación.

Una vez establecida la organización de nuestra empresa, con mayor o menor acierto, podemos utilizar ciertos mecanismos para garantizar la coordinación. Uno es el presupuesto de recursos de cada unidad, que condiciona también el desarrollo de los trabajos dentro de la organización.

Todos hemos visto situaciones en las que una organización muy bien intencionada acaba haciendo aguas por la falta de recursos de alguna de sus unidades, que a priori iban a ser claves. Esto pasa mucho en los proyectos asociados a la transformación digital. Se consigue dotar de un hueco en el organigrama para un responsable de transformación digital en un intento de acometer un proyecto de este tipo, y por la mala ubicación dentro del organigrama, o por la posterior falta de recursos asignados, el responsable acaba siendo incapaz de avanzar en el proyecto por la falta de prioridad en los recursos. Abordaremos el tema del presupuesto unos párrafos más adelante.

Otro mecanismo de coordinación son los comités o reuniones de seguimiento dentro de la organización. Este mecanismo se convierte muchas veces en un auténtico freno en la transformación. La existencia de múltiples comités acaba metiendo a la organización en una espiral de reuniones, informes, presentaciones que pretenden más justificar el trabajo de todos que permitir avanzar en la transformación. La pandemia ha provocado en muchas empresas una hiperinflación de comités y reuniones, por la facilidad de organizarlas gracias al uso de videoconferencia y las herramientas colaborativas, sin que muchas veces se vea la cantidad de tiempo y recursos que se emplean simplemente para mantener vivo el «*monstruo de los comités*». Creo que si hay algo que tenemos que cambiar totalmente para reinventar la empresa es la gestión del tiempo, pero a eso le vamos a dedicar un apartado unos capítulos más adelante.

Es responsabilidad del líder de la organización encontrar un punto de equilibrio que permita que los equipos estén coordinados, al mismo tiempo que tengan libertad y, sobre todo, responsabilidad para desarrollar los proyectos e iniciativas del plan de transformación de manera adecuada.

IMPLANTAR PRESUPUESTO BASE CERO

Los recursos gestionados por la empresa son claves en un proceso de transformación. En cierta medida, la transformación también es utilizar los recursos de la empresa de manera diferente. Cuando hablamos de recursos nos estamos refiriendo por ejemplo a personas, equipamiento, dotaciones para gastos o inversiones. En general en las empresas, tanto personas como presupuestos se acaban repartiendo de acuerdo con unos criterios donde pesa mucho la historia. Todos los directivos intentan justificar y defender con uñas y dientes que no se le reduzca su equipo, y que incluso, si es posible, se le incremente. Lo mismo podemos decir del presupuesto de gastos o de inversión, donde nadie quiere asumir reducciones. Creo que este es realmente uno de los grandes problemas que tienen las empresas y que deberían aprovechar a cambiar si quieren reinventarse.

En los años setenta del paso siglo XX, Peter Pyhrr, un contable de Texas Instruments creó una manera de solucionar parcialmente este problema y lo llamo «Presupuesto base cero». Esta metodología obliga a negociar desde cero el presupuesto de las unidades en cada periodo de gestión temporal de la empresa. De este modo, los responsables de las unidades y/o proyectos se sienten obligados a pasar una reválida permanente de los recursos con los que se dotan sus proyectos. Esto rompe de alguna manera el *statu quo* de que cada unidad se sienta respaldada por el presupuesto o recursos que tenía en el periodo anterior. Esta manera de volver a concentrar todo el presupuesto y volver a repartirlo creo que es una medida muy necesaria si quieres realmente transformar tu empresa. Gran parte de los proyectos de transformación se quedan a medio camino por falta de presupuesto, cuando gran parte del presupuesto se destina a seguir financiando proyectos no prioritarios, simplemente por inercia.

La metodología del «*presupuesto base cero*» tiene también ciertos inconvenientes porque puede generar burocracia o generar tensiones en la discontinuidad de proyectos. A lo largo de mi carrera profesional he trabajado con diferentes metodologías de presupuestación, y tengo que reconocer que esta es muy exigente, pero es una de las pocas que permite de verdad cambiar presupuestariamente las prioridades de la empresa. Mis compañeros de Telefónica sonreirán leyendo esto, recordando los «Macroprogramas» de nuestro querido Luis Miguel Gilpérez.

Si hablamos de recursos humanos, otro recurso muy importante para poder transformar la empresa también es necesario encontrar formas de liberar los recursos para que las personas no acaben siendo rehenes de las organizaciones y de los directivos que las dirigen. En este caso, quizás es más complicado por la cultura de especialización del personal y el coste de formación necesario para que un profesional se adapte a un nuevo puesto. Creo que la introducción de las metodologías agile es una de las mejores medidas que se pueden adoptar para tener esa flexibilidad de recursos que veo tan necesaria. Una buena selección de talento, acompañada por la implantación de estas metodologías puede, permitir aprovechar mucho mejor el talento de una empresa sin tener que aumentarlo de manera permanente, además de incrementar la motivación de los profesionales por una mayor visibilidad de los logros de sus proyectos. Hablaremos más de personas en el siguiente capítulo sobre el corazón.

Titulaba este capítulo «*El cerebro: coordinación y racionalidad*». Creo que en la empresa como en la vida personal, hay que saber combinar la pasión con la razón para poder encontrar el punto de equilibrio que permita a la vez avanzar y disfrutar del camino. En este capítulo hemos hablado del cerebro y la razón, el orden. Vamos a por el próximo donde hablaremos de sentimientos y pasión, algo que se concentra más en nuestro corazón.

Valora el cumplimiento de estas afirmaciones en tu empresa.
(Puntúa con 1 si estás totalmente de acuerdo, 0,5 si lo estás con matices y 0 si estás en desacuerdo)

1.	Disponemos en mi empresa de un plan de transformación que estamos acometiendo con energía	
2.	Los objetivos del plan de transformación de mi empresa están claro	
3.	Los proyectos en mi empresa están acotados en el tiempo y existe una buena metodología de seguimiento	
4.	En mi empresa utilizamos alguna metodología de fijación de objetivos en proyectos (SMART, OKR)	
5.	Se ha preparado y comunicado en mi empresa un plan de choque para el negocio a raíz de la pandemia	
6.	La organización de mi empresa es adecuada en tamaño y razonablemente operativa	
7.	La estructura de comités de tu empresa es adecuada (número de comités y participantes, frecuencia, operatividad)	
8.	Los comités en mi empresa son útiles	
9.	En mi empresa utilizamos alguna metodología presupuestaria del tipo «Presupuesto base cero»	
10.	En mi empresa trabajamos ya con metodologías agile	
	Puntuación total - Cerebro	

9. EL CORAZÓN: APOSTAR POR LAS PERSONAS

Cada uno tiene la edad de su corazón.
Alfred d' Houdetot

Como decía en el capítulo anterior, parece que dejamos al cerebro los aspectos más racionales y encargamos al corazón gestionar las emociones y las pasiones, aunque pensándolo bien, es más una figura literaria que la realidad, porque también utilizamos la expresión «*se le nubló la mente*» cuando alguien tiene un arrebato.

En una analogía de este tipo, nunca podría faltar el corazón. Como verás, lógicamente he dejado muchos órganos del cuerpo fuera de este libro, aunque estoy convencido de que a medida que cada uno de vosotros lo leáis, iréis incorporando mentalmente alguno de ellos a vuestras reflexiones. Pero dejar el corazón fuera habría sido un gran error.

Y como ves he decidido asociar el corazón a las personas, que para mí son la clave de las organizaciones. Las empresas son las personas que las forman, que las dirigen, que compran sus productos... Las personas deben ser el centro de las organizaciones y percibo que esto se olvida con mucha frecuencia.

La mayor reinvención que podemos hacer en nuestra empresa es realmente poner a las personas en el centro. Resulta triste que haya tenido que llegar una pandemia para que algunos directivos se hayan dado cuenta de la importancia de este tema. Con la pandemia también ha cambiado totalmente el entorno en el que se encuentran los empleados, y eso pone encima de la mesa nuevos retos en la gestión de personas que solamente se pueden solucionar a través de la confianza.

¿Y cómo podemos conseguir esto? Como ves en la imagen te propongo tres ideas para trabajar este capítulo tan importante.

APOSTAR POR LOS VALORES HUMANOS

El mundo empresarial cada vez se ha vuelto más frio y menos humano. Bueno, esto no es lo que se dice en las presentaciones, publicidades y mensajes de las empresas en redes sociales. Pero todos sabemos que muchas veces «*una cosa es lo que se predica y otra la que se practica*».

La gran presión en resultados, muchas veces propiciada en las grandes empresas por las obligaciones que supone ser una empresa cotizada, obliga a poner por encima de todo la consecución de los objetivos comprometidos que permiten «pasar la prueba de los mercados».

Es posible que sea un romántico, pero no me resigno a luchar para que las empresas, bueno realmente sus directivos, sean de verdad más humanos. Una de las cosas que intento transmitir a mis alumnos de todas las edades, es la importancia que tiene fomentar en la empresa los valores humanos, y además hacerlo siempre desde el ejemplo.

Un tema importante aquí es que esta apuesta es responsabilidad de todos: directivos y colaboradores. Muchas veces tan malo puede ser que un directivo sea un déspota como que sus colaboradores sean malos compañeros.

Cuando hablamos de reinventar la empresa, no creo que tengamos que pensar solamente en hacerlo para que la empresa gane más dinero o para conseguir prolongar su vida. También lo tenemos que hacer para lograr que la empresa sea ejemplo en la sociedad.

Necesitamos una empresa que genere confianza en todos los que trabajan en ella y con ella. Para ello tenemos que potenciar la colaboración, la generosidad, la confianza, la transparencia…, valores de los que todos nos beneficiamos si somos capaces de ponerlos en práctica en el día a día.

A veces te acaba sorprendiendo que haya personas que valoren mucho que otros compañeros sepan como se llaman. A nadie le agrada ser tratado como un recurso anónimo de un departamento, donde el director ni sabe cómo se llama, ni posiblemente valore su trabajo.

En el escenario que ha creado la pandemia, se hace todavía más necesario gestionar poniendo a las personas en el centro. Cuando todos llegamos a la oficina, gran parte de los problemas quedan en casa. Al fin y al cabo, todos tenemos problemas en nuestro entorno personal, en menor o mayor medida. El confinamiento ha hecho que ese entorno personal y el de los familiares o personas que conviven con nosotros se mezclen con nuestros entornos profesionales. El hecho de que la vida de cada uno sea tan distinta, lleva a situaciones particulares que antes no debían ser ni conocida, ni abordadas. Para unos será compatibilizar su teletrabajo teniendo a sus hijos pequeños a menos de diez metros con todo lo que ello implica. Para otros será compartir conexión de red o equipo informático con sus familiares. En otros casos, que tus propios familiares comprueben el entorno tóxico de trabajo que genera tu jefe y los modos que emplea contigo, algo que antes se quedaba tras las paredes de la oficina.

En otras situaciones, pasa justo lo contrario. Personas que estaban estresadas por tener que dejar solo en casa a un familiar mayor, ahora pueden estar tranquilos trabajando cerca de ellos. Otras empleaban mucho tiempo en desplazarse a sus centros de trabajo, con el gasto en tiempo y económico que eso supone, y que ahora pueden recuperar parte de sus gastos, tiempo de descanso u ocio por poder trabajar desde su casa.

Detrás de todos estos casos, el factor humano va a pesar todavía más ahora por situaciones tan diferentes que se van a tener que gestionar en un ambiente de incertidumbre y digámoslo también de miedo e inseguridad.

Dentro de los valores humanos que tenemos que ser capaces de desarrollar destacaría la confianza por encima de todos. Este es quizás el gran valor que guía todas las relaciones profesionales y también personales. La confianza se gana con el ejemplo, y se debe demostrar todos los días. Muchas personas son desconfiadas por naturaleza y esto supone un gran problema en el entorno laboral. Además, es una cualidad exponencial. Si tienes confianza, tú ganas seguridad y acabas generando más confianza, al tiempo que aumenta la que tienes en tus jefes. Digamos que se crea una espiral positiva de confianza. Sin embargo, si se desconfía por principio de ti, la inseguridad aumenta y se acaba creando tal circulo de desconfianza que se destruye la relación, e incluso se socava totalmente la seguridad profesional.

En mi vida he visto y también me han relatado ejemplos de los dos tipos. Ambientes donde la confianza ha hecho que equipos crezcan de manera increíble y personas que estaban muy inseguras y tristes, se acaben convirtiendo en puntales de la organización, incluso con promociones incluidas. Y también desgraciadamente ambientes donde ha primado la desconfianza y dónde todo el mundo ha acabado desquiciado por la falta de apoyo mutuo y donde se mezclaron la desconfianza de unos y mentiras de otros.

¿Cómo se genera confianza? Para mí la primera manera de crearla es por lo menos confiando hasta que exista una primera razón para desconfiar. Como decía algunos son desconfiados de saque y eso no puede llevar nunca la relación a buen puerto. También la comunicación es muy importante para generar confianza. Y en esto es clave transmitir desde el primer momento cuáles son las expectativas mutuas de jefe y colaborador. Si no tienes claro que espera tu jefe de ti, y él tampoco sabe lo que espera el equipo de él, realmente va a ser difícil encontrar puntos de encuentro sobre los que cimentar esa confianza. Por ejemplo, la transparencia y constancia en la comunicación siempre dará frutos. Hay que contar tanto lo bueno como lo malo, porque se acaba ganando credibilidad y esa es una de las bases de la confianza. Confianza no es que solo te digan cosas buenas, te asciendan o suban el sueldo. La confianza también está detrás de que te digan en que puedes mejorar o te expliquen un error que has cometido.

Otro de los valores a transmitir es la colaboración. Necesitamos reinventar la empresa para que se fomente la colaboración interna, y como decíamos cuando hablábamos del tacto, también la externa. De una situación como la que estamos viviendo, con tantos cambios y ahora con la urgencia de la pandemia, solamente se puede salir si lo hacemos juntos, como equipo. Crear en la empresa un ambiente real de colaboración es fundamental. Esto no quiere decir que luego no se discuta y se esté en desacuerdo. Pero es imprescindible apostar por la colaboración en la empresa. Es muy curioso, cómo empresas que son tan competidoras como Apple y Google son capaces de cooperar y colaborar entre ellas para obtener beneficios mutuos y también para sus clientes. Por ejemplo, que muchos de los productos de Google estén disponibles para los clientes de iOS beneficia a todos, y ellos han sido capaces de encontrar puntos de encuentro. Si lo hacen rivales del mercado, ¿cómo no vamos a ser capaces de hacerlo en nuestra propia empresa?

Y detrás de la colaboración, viene la generosidad. Tenemos que lograr que en la empresa las personas puedan ser generosas, sin tener que registrar el gesto en un apunte contable de lo que me deben.

También es importante en estos momentos todos los temas relativos a la gestión de la diversidad. Ser capaces de conseguir un entorno de trabajo en el que todos los profesionales se sientan integrados y valorados con independencia de su género, sexo o ideas políticas o religiosas, debe ser un reto para todos. Esta misión no es nada fácil porque muchas veces se pueden acabar creando problemas en los equipos cuando no se tiene la sensibilidad suficiente para trabajar estos temas. No vale solamente con utilizar este tipo de iniciativas como elementos de marketing de la imagen de la compañía, sino que deben tratarse con rigor, sensibilidad y, sobre todo, comunicación, para evitar generar situaciones complicadas.

Las empresas que sean capaces de apostar por los valores humanos van a tener claramente una ventaja competitiva. No es posible sostener en el tiempo la tensión, malos modos y stress que llenan muchas empresas.

NO TOLERAR LOS MALOS COMPORTAMIENTOS

Seguramente por contraposición con el punto anterior este tema sorprenderá. Reconozcámoslo. Lamentablemente en muchas empresas se toleran los malos comportamientos a todos los niveles con la consiguiente erosión en el clima laboral de la empresa. Toca desterrar de una vez por todas estos malos hábitos.

Existen muchos tipos de malos comportamientos. Posiblemente los más graves vienen de los directivos y jefes, que suman a la responsabilidad humana que todos tenemos, la que les otorga su cargo. Muchas veces estos malos comportamientos son conocidos por toda la organización, incluyendo la dirección y RR. HH. y se mira para otro lado. Incomprensible irresponsabilidad...

No se puede tolerar los malos modos hacia las personas. Una cosa es la presión del día a día, y otra directamente practicar el maltrato psicológico, o machacar a profesionales simplemente por capricho. Para ello hay que ser totalmente implacables con estas prácticas que roban tanta energía a las organizaciones, y destrozan la vida de muchos profesionales. Esto es todavía más importante porque para la reinvención necesitaremos toda la energía e ilusión de las personas que forman la organización. Muchas empresas tapan estos casos de mala práctica directiva y lo acaban pagando en motivación y también en atracción de talento. Si eres un directivo que estás leyendo esto, tienes responsabilidad para que esto no pase, y si sabes de algún caso en tu organización deberías hacer todo lo posible por encontrar una solución. Hay maneras de atajar este problema, aunque a veces la solución solamente pueda pasar por un despido ejemplarizante.

También hay casos de malos comportamientos entre los colaboradores. Casos que a veces damos por perdidos y que también socavan el compromiso del equipo y sobrecargan a compañeros y jefes. Estos casos también se tienen que abordar con decisión porque acaban creando excusas para comportamientos no adecuados y, sobre todo, mal ambiente. La credibilidad también nos la ganamos cuando tomamos decisiones ejemplares ante comportamientos intolerables. Aunque parezca duro, los colaboradores en el fondo lo agradecen.

Asimilando este punto al corazón, podemos afirmar que los malos comportamientos serían equiparables a las enfermedades del corazón, que son tremendamente peligrosas, afectando a múltiples órganos. Sin duda, debemos actuar rápidamente para evitar complicaciones para la vida de la empresa.

POTENCIAR EL TALENTO

Muchos de los temas que estoy planteando en este libro solamente se pueden llevar adelante si somos capaces de tener el talento adecuado en nuestra organización.

Las empresas pueden adquirir talento y también desarrollarlo, pero antes de todo esto, lo más importante es saber realmente con qué talento cuentas y cuál vas a necesitar.

Quizás uno de los problemas que tiene la digitalización es que se hace más difícil para las empresas poder valorar el talento que se tiene e identificar el talento que se necesita. Cada vez va a ser más frecuente que los jefes o RR. HH. no tengan la suficiente capacidad para valorar los conocimientos técnicos de sus colaboradores y se tenga que recurrir a modelos externalizados para poder realizar estas valoraciones. La incorporación de la inteligencia artificial a los RR. HH. también va a ayudar sin duda a las organizaciones a poder tener diagnósticos más claros de las capacidades de los profesionales. Ya hay empresas que en los procesos de selección de programadores utilizan herramientas que permiten analizar los códigos que han realizado a lo largo de su carrera profesional con vistas a validar el nivel de cada candidato.

A veces pensamos que para reinventar nuestra empresa tenemos que cambiar a gran parte del equipo y sustituirlos por nuevos profesionales. Sinceramente creo que es un gran error. Para que un profesional aporte en una empresa no solamente debe dominar una materia o unas tecnologías, sino que también debe tener los conocimientos del sector o sectores afines. Conocer los procesos de la empresa también afecta a su contribución. Creo que tenemos que valorar mucho la incorporación del talento a la organización, tanto por su capacidad y lo que aporta a la empresa, como por cómo va a ser su proceso de adaptación a la misma. Es muy importante trabajar antes, durante y después de la incorporación para que el nuevo empleado se integre lo más rápidamente posible.

La pandemia puede ser un problema adicional en este aspecto porque va a dificultar mucho la integración de nuevo talento a los equipos al primar por ahora el teletrabajo, que supone una dificultad para que se integre una nueva persona, ya que perderá todo ese aprendizaje que obtenemos progresivamente por ósmosis, por el contacto con nuestros nuevos compañeros.

Desarrollar al talento que tenemos debería ser otra prioridad. Tenemos que pensar que «transformación» incluye la palabra «formación», así que difícil es que las personas se transformen, si no forman. Cada vez existen más modelos de formación y desarrollo para conseguir que nuestro equipo esté preparado para los retos a los que nos enfrentamos. Invertir bien en la formación del equipo debería ser una de las principales prioridades de una empresa, y también transmitir al equipo la importancia de que por su parte inviertan también su tiempo personal, ya que al fin y al cabo muchas veces el tiempo dedicado es la mayor partida inversora en una acción formativa. La empresa debe elegir muy bien esta formación y el colaborador se debe implicar de alguna manera en la detección de sus necesidades. Tal como está el entorno, mi visión es que de la formación se van a beneficiar tanto empresa como empleado, y ambos deben apostar por ella. Alguna vez he visto personas que han despreciado la formación de su empresa porque implicaba dedicar tiempo personal a ella. Creo que no están las cosas como para seguir teniendo estos comportamientos, y la formación debe ser claramente uno de los activos en los que cualquier profesional invierta decididamente.

Desarrollar al equipo en esta era digital también tiene que ver con el equipamiento informático que disfrutan y las metodologías que emplean en el día a día de su actividad. Por ello, también hay que valorar el diseño de una política tecnológica que permita a los empleados desarrollar estas capacidades técnicas para las que indudablemente se necesitan herramientas específicas.

Y por último, destacaría que la empresa no puede desarrollar el talento y dejarlo escapar a las primeras de cambio. Si se consigue en la empresa crear un entorno donde se apueste por los valores humanos, este puede convertirse en una herramienta muy útil también para que los profesionales quieran continuar con nosotros. Ser capaz de integrar a todos y generar ese clima de confianza ayuda, pero también habrá que poner en marcha políticas de identificación de talento clave, planes de sucesión y medidas de fidelización en el medio y largo plazo. En este punto es muy importante ser consciente de a qué nos comprometemos con nuestros colaboradores. Un error que se comete con frecuencia por directivos y jefes es comprometerse a cosas que no tienen garantía plena de poder cumplir. Seguro que todos hemos vivido alguna situación donde un compromiso en el pasado se acabó convirtiendo en una decepción en el presente. Parafraseando a Stevie Wonder: «*si no sabes si vas a poder cumplir, no te comprometas*».

Valora el cumplimiento de estas afirmaciones en tu empresa.
(Puntúa con 1 si estás totalmente de acuerdo, 0,5 si lo estás con matices y 0 si estás en desacuerdo)

1.	En mi empresa las personas son lo más importante	
2.	Siento que en mi empresa se confía en los profesionales	
3.	En mi empresa tenemos confianza en los directivos	
4.	En mi empresa no se toleran los malos comportamientos de directivos y mandos	
5.	En mi empresa no se tolera el bajo rendimiento de un profesional	
6.	Tenemos en mi empresa una evaluación periódica del talento	
7.	Mi empresa equilibra bien el talento interno con las nuevas incorporaciones	
8.	En mi empresa hay un programa definido de integración de los nuevos empleados	
9.	La formación en mi empresa es de calidad y adaptada a mis necesidades	
10.	Mi empresa ofrece oportunidades de desarrollo profesional	
	Puntuación total - Corazón	

10. LAS CANAS: APROVECHAR LO MEJOR DE LA EXPERIENCIA

La experiencia es una enfermedad que no se contagia.
Enrique Jardiel Poncela

Supongo que te habrá sorprendido que haya incluido las canas entre los ocho elementos que forman mi analogía de reinvención entre cuerpo humano y empresa. Realmente las canas no son un miembro del cuerpo humano, sino un estado del cabello de las personas que se produce principalmente por el paso del tiempo. A medida que parte de nuestro cabello pierde la melanina, que es la sustancia que les da nuestro color natural, empieza a cambiar su cloro a gris o blanco. A veces, las canas también pueden aparecer a causa de un fuerte stress. Por ejemplo, se dice que bastantes políticos y directivos empiezan a poblar canas después de asumir puestos de elevada responsabilidad (máxime si esta se encuentra por encima de su capacidad).

Las canas son utilizadas frecuentemente en el entorno profesional cuando queremos referirnos a la edad o a la experiencia. Es curioso como las personas reaccionan de manera diferente a los cambios que experimenta su cabello. Unas veces desgraciadamente porque se produce a consecuencia de enfermedades o sus tratamientos. En otros casos es más una cuestión de estética o un intento de tapar el paso del tiempo. Unos llevan mal la caída del cabello y recurren a injertos. Otros recurren rápidamente al tinte para cubrir sus canas e intentar mostrar una juventud que no se corresponde con su edad biológica. Recientemente, gracias a mi amigo Enrique Maspons, leía un artículo muy interesante del Washington Post titulado «*En Silicon Valley, algunos hombres dicen que los tratamientos cosméticos son esenciales en la carrera profesional*»[11]. En el se relataba como muchos profesionales tecnológicos de la zona incluían en sus planes de carrera operaciones de estética como el uso de bótox, la cirugía plástica, el estiramiento facial para eliminar las bolsas de los ojos o técnicas para esculpir sus abdominales y poder lucirlos con sus camisas ajustadas. Todo con el fin de ocultar al máximo su edad, ya que como comentan los entrevistados mostrar que se tiene más de cuarenta años puede ser un *hándicap* en tu desarrollo profesional. Es curioso que alguno de los entrevistados incluso comenta que ha elaborado un caso de negocio que demuestra la rentabilidad de invertir anualmente en tratamientos para rejuvenecer porque le permitirían aumentar o conservar sus ingresos en el futuro, obteniendo por lo tanto una interesante rentabilidad.

¡Como está el mundo! Hemos pasado de aspirar a poder realizar un MBA en una escuela de negocios de prestigio para tener mayor recorrido profesional a realizarnos una operación de estética. Como diría el *Guerra*, famoso torero de finales del siglo XIX:

¡Hay gente pa tó!

---

11 https://www.washingtonpost.com/technology/2020/01/09/silicon-valley-some-men-say-cosmetic-procedures-are-essential-career/

Aunque sospecho que nunca hubiese pensado en esa época que llegaríamos a las nuevas técnicas de Silicon Valley.

Volviendo al tema de las canas; con ellas quiero representar la experiencia, y citándolas quiero poner en valor toda la experiencia acumulada en la empresa en el pasado. Esta reside en general en los veteranos de la empresa. La experiencia es vital, especialmente en momentos de transformación o de sacudidas en el mercado, como son estos. Sinceramente creo las empresas no están sabiendo aprovecharla cuando directamente rechazan el talento senior. Talento que muchas veces realiza su contribución, no tanto por su sabiduría o conocimientos, sino simplemente por tener memoria para recordar los aciertos o errores del pasado. Afortunada o desgraciadamente la historia se repite en mayor o menor medida, y tener personas que han pasado por experiencias similares en el pasado puede ser la mejor herramienta para afrontar con garantías el futuro.

La evolución de los negocios y los cambios tecnológicos han obligado a tomar duras decisiones para ajustar y reducir las plantillas. Muchas empresas ante las dudas sobre qué mecanismo utilizar para realizar estos ajustes han decidido prescindir del talento senior. No nos engañemos, el motivo de esta decisión no es solamente responsabilidad de los directivos de la empresa, sino también de los propios sindicatos e indirectamente de los trabajadores. Parece que todos preferimos la «*objetividad de la edad*» a la «*subjetividad*» que supone que alguien tenga que decidir si una persona es prescindible o no en base a su rendimiento o su perfil profesionales. Es mucho más cómodo para todos: el directivo simplemente debe tener en cuenta la fecha de nacimiento, y el empleado puede planificar con unos años de anticipación su salida de la empresa. Si a eso se le suma un acuerdo económico que satisface a ambas partes, lo lógico es que en la mayor parte de los casos sea una buena solución para todos. Por un lado, la empresa reduce sus costes laborales, mejorando su cuenta de resultados. Por otro, el empleado «prejubilado» recibe una razonable compensación durante los años que anteceden a su jubilación, con la que puede cubrir su nivel de vida, sin los riesgos de un posible despido y que supondría una difícil vuelta al mercado laboral.

Que una medida de este tipo acabe siendo una buena solución para la empresa y la mayoría de los trabajadores en el corto e incluso en el medio plazo, no implica que lo sea en el largo plazo. Cuando se aplica de manera sostenida en el tiempo, se empiezan a producir efectos contraproducentes. Se va disminuyendo progresivamente el conocimiento en la empresa, y también se acaban malogrando referencias importantes a la hora de formar y desarrollar a los más jóvenes. Se pierde experiencia muy importante, y también los que se van acercando a esa edad de salida empiezan a dudar de la importancia de su contribución. Poco a poco la empresa se empieza a descapitalizar en su talento, y en algunos casos puede ocasionar importantes problemas operativos y estratégicos en el futuro. Creo que, aunque esta fórmula puede y ha funcionado bien, sería más efectiva utilizándola selectivamente, combinándola con salidas de personas que no estén justificando su rendimiento. Por supuesto que es mucho más delicado y difícil tomar estas decisiones, pero como decía, a los directivos se les paga por tomar decisiones difíciles, y estas están dentro de esa categoría.

En otros casos, desgraciadamente la salida del talento senior no está cubierta por planes de prejubilación, y entonces ese profesional con experiencia se encuentra en una situación complicada, especialmente si no se ha preparado para afrontar esta situación. No podemos negar que, por lo menos en España, no se está tratando bien al talento senior. Cada vez con profusión, personas que incluso apenas superan los cuarenta y cinco años encuentran más y más dificultades para encontrar un trabajo. Aunque abiertamente a nadie se le puede comunicar que no ha sido contratado por superar cierta edad, todos reconocemos que esta situación existe en el mercado. Creo que muchas veces el problema además no está causado por personas más jóvenes que quieren «exterminar profesionalmente» a los mayores, sino que este comportamiento viene causado por personas también seniors que prefieren tener en sus equipos a personas más jóvenes y posiblemente más dóciles antes que profesionales con más experiencia, menos fáciles de controlar y que incluso puedan de alguna manera hacerles sombra, aunque sea solamente en su mente. Perdona que sea duro en esta afirmación, pero creo que este es un grave problema que tenemos como sociedad y no podemos dejar de denunciarlo. Mirar a otro lado en este asunto es hacernos un gran mal a todos los profesionales.

En este capítulo de las canas he querido abordar los tres temas que puedes ver en la siguiente imagen.

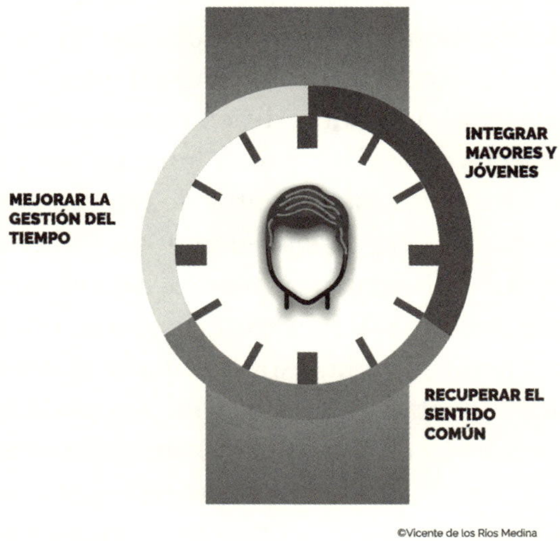

En la era digital parece que el talento joven está bastante más valorado que el talento senior. Posiblemente la especialización técnica que requieren muchas disciplinas digitales sea una de las razones de esta valoración. Sin embargo, la vida profesional requiere muchas más capacidades que la formación técnica.

A pesar de estas afirmaciones tan extendidas en la sociedad, debo reconocer que mi experiencia me dice que esta valoración no es tan acertada. La capacidad digital de una persona está mucho más basada en su actitud, que en su aptitud. Y lo digo después de dar clase a más de dos mil alumnos profesionales donde, a través de una prueba de vida digital que he diseñado, he observado que realmente la edad no es un factor determinante a la hora de fijar las capacidades digitales de un profesional. Te recomiendo leer el artículo «The digital-ready worker»[12] de Deloitte Australia. En este artículo explica muy bien cuáles son los factores que permiten crear capacidades digitales en los trabajadores. Es lo que llaman *«digital agency»*. Es interesante descubrir cómo lo que llaman «impotencia aprendida» es uno de los factores limitantes a la hora de desarrollar capacidades en las personas que les permitan aprovechar la tecnología para obtener mayor productividad en el trabajo. En el caso de los jóvenes, utilizan más herramientas digitales para realizar ciertas actividades, no porque las identifiquen como la mejor opción, sino porque son las únicas herramientas que conocen. Es realmente un artículo muy interesante para entender mejor cómo se puede gestionar un tema tan importante como el desarrollo de las capacidades digitales de tu equipo.

12 https://www2.deloitte.com/content/dam/insights/us/articles/AU22848_The-digital-ready-worker/DI_The-digital-ready-worker.pdf

En la vida nada es blanco o negro, sino que toda una gama de grises se extiende entre ambos extremos. Por lo tanto, la principal responsabilidad de un gestor de personas es ser capaz de integrar las fortalezas de todas ellas y conseguir que entre todos sean capaces de paliar sus debilidades.

A lo largo de mi vida profesional me he beneficiado mucho de las enseñanzas de profesionales mucho mayores que yo, y también me ha tocado tener la paciencia suficiente para enseñar durante horas cómo usar el Excel o el PowerPoint a personas también mayores que yo. A medida que avanzaba el tiempo, he sido yo el que he tenido que ser referencia de personas más jóvenes transmitiéndoles mis conocimientos de negocio basados muchas veces en mi experiencia, y al mismo tiempo he aprendido de muchos de ellos temas de actualidad y nuevas tecnologías gracias a pasar tiempo juntos. Le tengo que dar las gracias a todos ellos por su capacidad para integrarme y ayudarme unas veces, y por escucharme y pedirme apoyo en otras ocasiones. Gran parte de lo que he aprendido en mi carrera profesional se lo debo a estas personas, en unos casos mayores y en otros menores que yo.

Os debo reconocer que no me gusta en absoluto esa clasificación de la sociedad en Baby boomers, Generación X, Z, Millenials... Aunque creo que es una herramienta muy adecuada para ciertos estudios de marketing, estamos exagerando su uso en demasiados campos de nuestro día a día. Categorizar a las personas en base a colectivos hipotéticamente homogéneos, basados en su edad, creo que quita peso a la actitud individual como verdadero factor diferenciador. Al final, acaba siendo injusto para todas las generaciones y crea barreras intergeneracionales absurdas y contraproducentes.

Creo que las empresas tienen que valorar mucho este tipo de compartición de conocimientos y experiencias intergeneracionales y evitar crear «guetos» artificiales basados en la edad. Por ejemplo, algunas empresas combinan la metodología del «*mentoring*» de mayores a jóvenes con otra de «*reverse mentoring*» donde son los jóvenes los que forman a los mayores. Cuanto más tiempo de calidad se comparta, más barreras se eliminan.

Creo que sacar lo mejor de cada una de las generaciones en tu equipo es una de las labores de las que puedes sentirte más orgulloso como gestor de personas. A veces, aunque parezca que le hacemos un favor a los más jóvenes con elogios hacia su valía y todo lo que esperamos de ellos, lo que realmente estamos haciendo es ponerles una presión que puede ser perjudicial. En tu vida profesional cada etapa tiene sus obligaciones y también sus beneficios. Los jóvenes están en su etapa de crecimiento donde tienen mucho más que recibir que dar. Debemos ser realistas en lo que exigimos a los jóvenes porque a veces con exigencias absurdas o fomentándoles una competitividad exagerada, solamente creamos frustraciones o personajes con una ambición desmedida que desprecian a las personas con el fin de conseguir sus objetivos. Luego nos quejamos de los malos comportamientos futuros... Me comentaba un amigo una situación concreta en su empresa donde la obcecación por promocionar un talento junior muy capacitado técnicamente, sin ninguna capacidad de liderazgo ni empatía, estaba creando importantes disfunciones en todo el equipo. Hay que ayudar a los jóvenes a vivir su vida a ritmo intenso, pero de forma razonable para que progresen de manera sana y eficaz.

Reinventar la empresa no puede convertirse en un ejercicio de sustitución acelerada de un equipo veterano con conocimiento por una colección de nuevos fichajes talentosos a los que se les va a exigir resultados a los cinco minutos. Vamos a dejar estas prácticas para el futbol, algo que daría para otro libro completo de gestión de equipos.

Por lo tanto, si quieres realmente reinventar la empresa con garantías, tienes que ser capaz de aprovechar de manera combinada la experiencia de los mayores con sus aprendizajes, éxitos y errores, con la ilusión y energía de los jóvenes que pueden introducir nuevas ideas creativas que den rápidos beneficios, si son bien encaminadas.

MEJORAR LA GESTIÓN DEL TIEMPO

Creo que mejorar la gestión del tiempo es otra de las claves que necesitan las empresas. Cada vez más y más personas con las que hablo me comentan que es insufrible la mala gestión del tiempo que hay en su empresa. Y además me confirman que la pandemia y el uso obligado del teletrabajo no ha mejorado este problema, sino que lo ha agravado todavía más.

He integrado en el punto de las canas este tema de la mejora de la gestión del tiempo porque creo que, a medida que nos vamos haciendo mayores, vamos asumiendo que el manejo de los tiempos es realmente importante, y que lo que en la juventud eran problemas graves y urgencias, muchas veces no pasaban realmente de simples anécdotas. A medida que te haces mayor estás más capacitado para apreciar realmente el valor del tiempo.

Si quieres realmente saber el coste que tiene una reunión te recomiendo que visites la calculadora de coste de reuniones[13] que ha desarrollado Harvard Business Review. Es fantástica y te dejará tremendamente sorprendido. Te permite introducir la duración de la reunión y los sueldos

13 https://hbr.org/2016/01/estimate-the-cost-of-a-meeting-with-this-calculator

estimados de cada uno de los participantes. Algunas reuniones valen lo que la entrada de un piso... No dejes de hacerlo.

La gestión del tiempo en las empresas es complicada. Lo he ido mencionando en diferentes capítulos. Hay muchas razones por las que la gestión del tiempo es difícil: el modelo organizativo, los mecanismos de coordinación, los gustos de los directivos, la situación personal de cada uno… Todo afecta para que al final la gestión del tiempo de todos y cada uno de nosotros se complique. A unos les gusta madrugar y a otros abandonar tarde la oficina, incluso algunos gustan de los dos supuestos simultáneamente; unos suspiran por volver pronto a casa y otros no tienen a nadie esperando, o prefieren retrasar al máximo su llegada al domicilio para evitar abordar un conflicto personal; unos son incansables y les gusta hablar y hablar y socializar, y otros son escuetos y directos; a unos les gustan las presentaciones largas con todo tipo de detalles con informes interminables llenos de todos los datos posibles, y otros se conforman con un breve mensaje de explicación. ¡Así es la vida cuando tratamos con personas!

Creo que gran parte del problema de la gestión del tiempo tiene mucho que ver especialmente con el estilo de liderazgo del máximo responsable y la organización de la empresa. En general deberíamos tender a reducir los niveles organizativos y también el número de unidades dentro de un mismo nivel organizativo. Con menos «cajas» en el organigrama y menos niveles aumentaría la responsabilidad real de cada uno de los mandos. Esto provocaría decisiones más operativas por parte de estos y comités mucho más pequeños, que acabarían reduciendo significativamente el consumo de tiempo en reuniones.

Otro tema que realmente reduciría mucho el tiempo dedicado a comités y reportes sería la introducción de herramientas avanzadas de visualización de analítica de datos, que permiten que los directivos puedan utilizarlas para responder a las preguntas que les ayudarán a entender la situación real del negocio y poder tomar las mejores decisiones. Como decía en el capítulo del olfato y la mejora en la toma de decisiones, apostar por la analítica de datos es realmente una de las mejores herramientas para reinventar tu empresa con éxito.

A esto le sumaría una herramienta que puede parecer muy simple, y que para mí se ha demostrado muy potente: la grabación de presentaciones en video. Tanto en PowerPoint como en Keynote (creo que Google Slides todavía no lo permite) puedes grabar una presentación que realices incluyendo tus comentarios de voz a medida que vas pasando las diapositivas. Esto permite que puedas compartir un video en el que expliques un informe o presentación hecho con estas herramientas. Creo que implantar este tipo de prácticas en las organizaciones evitaría muchas horas de reuniones donde uno habla y muchos escuchan de manera autómata. También creo que enseñaría a muchas personas a saber transmitir mejor sus mensajes y su trabajo, y acabaría mejorando las capacidades digitales del equipo. En un entorno donde el teletrabajo va a ser mayoritario esta herramienta puede ser un gran avance.

Y para finalizar este punto, creo que con independencia de que gran parte de la gestión global de nuestra agenda la fijen nuestros jefes, nosotros también tenemos una parte importante de la responsabilidad sobre el destino de nuestro tiempo. Invertir tiempo y dinero en un curso de gestión del tiempo puede ser una buena inversión. Todavía recuerdo los buenos aprendizajes que obtuve en uno que impartió el gran Gustavo Piera. Algunos de ellos todavía los conservo. *Si no tienes tiempo para un curso* (sic) puedes utilizar alguna técnica para salir adelante como puede ser hacer un análisis del tiempo que dedicas a cada actividad a través de tu agenda (por ejemplo usar códigos de colores para las diferentes temáticas te puede permitir ver dónde empleas más tiempo y si hay capacidad de optimizar), reducir sistemáticamente el número de reuniones con tu equipo y su duración, implantar el uso de agenda previa cerrada y limitación de duración de las reuniones, evitar reuniones en ciertos días o franjas horarias...

RECUPERAR EL SENTIDO COMÚN

Llegados a este punto creo que para reinventar la empresa toca «recuperar el sentido común». En el fondo este punto es un poco resumen de muchos de los anteriores. La vida es complicada, pero mucho más simple de lo que pensamos. Hay muchos problemas que se suelen solucionar aplicando el sentido común, que como se suele decir es el menos común de los sentidos. A medida que nos vamos haciendo mayores, nos damos cuenta de que hay batallas que no merecen la pena empezarse, discusiones que no conducen a nada, objetivos que no eran tan importantes. Muchas veces con poco se puede ser más feliz que siendo ambicioso, intentando conseguir lo imposible a cualquier precio.

Creo que reinventar la empresa también tiene un poco de pararse a pensar y formularte algunas preguntas como las siguientes:

— *¿Tiene sentido toda la presión que tiene el equipo en el día a día?*
— *¿Tiene sentido que haya personas en mi equipo que se están dejando la salud para preparar un informe todas las semanas por si un día en un comité me preguntan una cifra?*

— *¿Tiene sentido que me haya cambiado el carácter desde que asumí este puesto, y nadie me aguante ni en la oficina, ni en mi casa?*
— *¿Tiene sentido que mis proveedores estén sufriendo permanentemente por las condiciones tan duras que les ponemos?*
— *¿Tiene sentido que cada día llegue a casa con más ansiedad?*

Podría seguir poniendo preguntas que todos los días comparten conmigo personas con las que me cruzo en mi vida profesional. En este punto me gustaría que hicieses una reflexión profunda de tu situación y de si aplicando el sentido común algunos de tus problemas se pueden solucionar.

A veces tenemos que asumir nuestras limitaciones y entender que nuestros jefes tolerarán que no sepamos un dato o tengamos que recurrir a una persona de nuestro equipo para explicar mejor un tema del que es especialista. También tenemos que entender que las personas que forman nuestros equipos no solamente tienen vida profesional, sino que tienen que gestionar una vida personal, que muchas veces puede ser todavía más complicada que la profesional. A lo mejor tienen que lidiar con una posible separación, que podría ser evitada si mi colaborador pasa más tiempo en casa en vez de perder su tiempo y a su familia en interminables comités o preparando informes que no van a ir a ningún sitio.

Vamos a dejarlo aquí, y continuaremos este tema en un par de capítulos cuando hablemos del liderazgo.

Valora el cumplimiento de estas afirmaciones en tu empresa.
(Puntúa con 1 si estás totalmente de acuerdo, 0,5 si lo estás con matices y 0 si estás en desacuerdo)

1.	En mi empresa se valora el talento senior	
2.	En mi empresa se integra bien el talento senior con el junior	
3.	Los ajustes de plantilla en mi empresa utilizan además otras fórmulas complementarias a las desvinculaciones por edad	
4.	Se han desarrollado en mi empresa iniciativas de mentoring cruzado entre seniors y juniors	
5.	En mi empresa gestionamos bien el tiempo	
6.	Es fácil en mi empresa tener control de tu agenda	
7.	Hemos recibido en mi empresa formación en técnicas de gestión del tiempo	
8.	Tenemos un buen equilibrio vida profesional - personal en mi empresa	
9.	En general en mi empresa se acaba imponiendo el sentido común	
10.	En mi empresa cuando una decisión que afecta al equipo es cuestionable, se les explica y razona	
	Puntuación total - Canas	

11. LAS ENFERMEDADES DE LA EMPRESA Y SUS REMEDIOS

La investigación de las enfermedades ha avanzado tanto que cada vez es más difícil encontrar a alguien que esté completamente sano.
Aldous Huxley

Ya hemos recorrido las ocho temáticas en las que propongo trabajar para reinventar tu empresa. Si recuerdas, te decía en el capítulo dos que iba a incorporar otras tres más adelante para completar estas ocho primeras. En unos minutos las vas a conocer, pero antes vamos a dedicar unos minutos a hablar de algunas enfermedades que condicionan mucho la vida de las personas, y que también podríamos asociar con problemas de las organizaciones. ¿Condicionarán algunas enfermedades la capacidad de nuestra empresa para reinventarse?

El cuerpo humano es realmente complejo y necesita de un equilibrio perfecto. Cualquier desequilibrio puede acabar creando una enfermedad que provoque importantes problemas en el ser humano. En las empresas pasa algo similar. El equilibrio es clave, y si se producen desequilibrios, la empresa acaba sufriéndolos, e incluso igual que les pasa a las personas, puede acabar falleciendo.

Vamos a ver algunas de esas enfermedades y buscaremos cuál sería su equivalente en la empresa. Haré un recorrido de algunas de las más comunes, y seguro que tú asociarás algunas más por tu cuenta.

ENFERMEDADES DE LA VISTA

Como todos los órganos del cuerpo, la vista sufre tanto por los problemas de los órganos que la forman —por ejemplo, miopía o astigmatismo—, como por otras dolencias generales del cuerpo —la diabetes puede producir importantes problemas de visión—. Si queremos establecer un paralelismo entre las enfermedades del cuerpo humano y las de la empresa, la miopía podría ser un buen ejemplo.

La miopía está causada por una curvatura excesiva del cristalino, que causa la visión borrosa de los objetos lejanos. Como muchos sabemos es normal que aumente con la edad y con el stress, y frecuentemente tiene un origen congénito. Se estima que puede afectar al 25% de la población y la podemos corregir con lentes, ya sea con gafas o lentes de contacto, o con cirugía. Desgraciadamente, muchas empresas también sufren de miopía. Tienen grandes dificultades para ver más allá del corto plazo y eso les dificulta anticipar los cambios del entorno que pueden acontecer. Algunas intentan corregirlo con unas lentes, como podría ser a través de la colaboración con consultoras estratégicas que les ayudan a tener mejor visión de lejos. Habitualmente les ayudan a preparar sus planes y decisiones estratégicas. Pero claro, si no quieres recurrir a la cirugía para corregirlo, vas a depender toda la vida de esas lentes. No es un problema irreparable, pero tienes que contar con el impacto y el coste económico de esa dependencia.

El astigmatismo, que muchas veces acompaña a la miopía —como es lamentablemente en mi caso—, se debe a una irregularidad de la córnea que provoca ver los objetos desenfocados. También se corrige con gafas y en este caso las lentes ofrecen peores resultados. Las operaciones siguen siendo bastante costosas (más que las de miopía). En el caso de la empresa podríamos asociarlo más bien a la falta de criterio en las decisiones, y posiblemente la mejor corrección sería formar o cambiar a las personas que tienen que asumir las funciones más estratégicas.

Si miopía y astigmatismo vienen más o menos «de serie», hay otras enfermedades que surgen de improviso como podría ser el desprendimiento de retina o el de mácula. En este caso, la aparición en la visión de una serie de manchas, puede estar provocada por un desprendimiento de la retina. Esta es la membrana responsable de transformar los impulsos lumínicos en la imagen que se manda al cerebro a través del nervio óptico. Es realmente un accidente visual grave, especialmente si alcanza a la mácula que se encuentra en el centro de la retina. Además, como agravante, no genera dolor, por lo que a veces el paciente puede darle poca importancia a la visualización de manchas. Como comenté en el capítulo de la vista tuve un problema de mácula, y te puedo garantizar que es puñetero, porque a veces llegas a pensar que puede ser normal ver algunas líneas del Excel algo torcidas. Por cierto, si tienes algún síntoma de este tipo, no dudes de ir urgentemente al oftalmólogo, consejo de amigo, porque a estas alturas del libro ya hemos profundizado en nuestra relación. También las empresas tienen sus «desprendimientos de retina». Y si los directivos no son capaces de identificar esas *«manchas que empiezan a ver en los resultados e indicadores del negocio»* y reaccionar poniendo remedio a tiempo, pueden llegar a tener un serio problema, que en este caso no sería la pérdida de visión en el ojo, como pasa en los seres humanos, sino un revés importante en el negocio. En el caso de la empresa las *manchas* pueden ser una acción de un competidor, una nueva regulación, un problema del entorno o una pérdida importante de clientes. Aquí hay que estar «*ojo avizor*» para interpretar las señales del mercado.

ENFERMEDADES DEL OÍDO

El oído no solamente es el responsable de la audición, sino también del equilibrio, y tampoco está exento de enfermedades. Incluso en el caso del oído a veces los problemas de audición pueden venir no por enfermedades, sino por acumulación de cerumen por malos hábitos en su cuidado. Podríamos decir que las empresas también tienen su «cerumen» que evita escuchar a los clientes. Por ejemplo, las medidas de eficiencia de reducir los canales de atención al cliente para evitar que estos reclamen y expongan sus problemas a la empresa.

La otitis es una de las enfermedades más comunes en el sistema auditivo. Está causada en general por infecciones, hongos o virus. Es muy dolorosa, e incluso puede suponer pérdida de audición. Es una dolencia que con antibióticos y antiinflamatorios se puede curar en una semana sin dejar secuelas. En el caso de las empresas, la otitis podría ser un serio problema con un cliente que por falta de atención a una reclamación, acaba convirtiéndose en noticia de dominio público, con el correspondiente el riesgo reputacional para la empresa. Existen múltiples casos de «otitis» famosas en las empresas, como dos casos de United Airlines con sus clientes: el destrozo de la guitarra de David Carroll en un trasbordo en Halifax o las imágenes de cómo sacaron al pasajero David Dao Duy Anh por la fuerza de un avión por *overbooking*. El segundo caso provocó que el CEO de la empresa no fuese ascendido a presidente. Si la otitis se repite con frecuencia, podría ser aconsejable recurrir a la cirugía para corregir el problema. En el mundo de la empresa, frecuentes reclamaciones de clientes, deberían obligar a hacer cambios profundos en el área de clientes.

La hipoacusia es el término médico de lo que llamaríamos pérdida de audición. Esta puede ser por múltiples motivos (otitis, perforaciones de tímpanos, problemas de nacimiento, exposición al ruido, acumulación de cerumen, enfermedades del nervio coclear, por efectos secundarios de fármacos, envejecimiento ...). Se estima que más del 30% de las personas de más de sesenta y cinco años tienen importantes pérdidas auditivas. Y esta pérdida auditiva produce problemas de comunicación, de relaciones, diferente sensibilidad a distintos tipos de sonidos, y cuando es en niños problemas de aprendizaje o relación. La hipoacusia tiene diferentes tratamientos en función del origen de la enfermedad, y pueden ser farmacológicos, quirúrgicos e incluso el uso de dispositivos como audífonos para corregir la pérdida de audición.

Las empresas también tienen claras pérdidas de audición, y como pasa en las personas las razones son múltiples: organizaciones poco orientadas al cliente, personal poco motivado, falta de práctica en el contacto con el cliente... Las soluciones son múltiples: rediseño de los procesos con clientes, la formación en experiencia de cliente, la introducción de objetivos de métricas de cliente en los incentivos de la organización, cambios organizativos, la colaboración externa de empresas especializadas en diseño de experiencia de cliente (serían los «*audífonos*» de la empresa).

Otra dolencia de sistema auditivo son los **acúfenos**, que realmente más que una dolencia se trata de una molestia porque la persona oye ruidos de diferentes frecuencias en uno o los dos oídos. Pueden deberse a diferentes motivos que a veces no tienen que ver con el sistema auditivo en sí mismo, y pueden ser, por ejemplo, causados por problemas de mandíbula, traumatismos faciales, encefálicos o cervicales, enfermedades cardiovasculares, psiquiátricas o toma de medicamentos. Son molestos porque muchas veces condicionan la vida del paciente. Por ejemplo, le pueden impedir un sueño de calidad. Suelen ser tratados solucionando el problema que los origina o con medicación. En la vida empresarial, los acúfenos serían esos ruidos de clientes que, sin ser problemas graves, acaban consumiendo la energía del equipo y provocando que la organización y nuestra relación con el cliente no funcione debidamente. Esos ruidos, causados por múltiples motivos (sistemas mal diseñados o implantados, decisiones equivocadas, poco foco en el cliente, mal desempeño, desinterés…) son difíciles de resolver y a veces acaban deteriorando sin remedio la satisfacción de nuestro cliente.

Algunos de los vértigos que sufre el ser humano están causados por dolencias del oído. Entre ellos está el síndrome de Ménière, de difícil diagnóstico. Entre sus orígenes puede estar un exceso de fluido en el oído interno. Genera importantes vértigos que dificultan mucho la vida diaria. Suele durar varios días y las molestias se pueden repetir con frecuencia y ocasionar la pérdida progresiva de audición. A veces, tras varios años, los vértigos desaparecen por completo dejando, sin embargo, la pérdida de audición que han causado. En el mundo de la empresa también se producen vértigos súbitos sin explicación alguna. Si tuviese que encontrar un símil al vértigo en la empresa, elegiría ejemplo un aumento importante de bajas de clientes que no tiene explicación inmediata. A veces está causado por un problema técnico en una zona concreta, una oferta mal aplicada o una nueva promoción de la competencia. Pero lo imprevisto de la situación genera lo más parecido al vértigo en una persona. Este vértigo produce una presión tremenda en la organización con la creación de un comité de crisis, tormenta de ideas y elaboración de un plan de choque para corregir el problema. Desgraciadamente los he vivido bastantes veces a lo largo de mi carrera profesional, y de verdad es de las cosas que más altera la vida de una organización.

ENFERMEDADES ASOCIADAS AL OLFATO

Recientemente hemos visto como uno de los síntomas del COVID-19 era la pérdida del olfato y con ello de la pérdida del sabor, que procesamos por la combinación de olfato y gusto. Con independencia de esta nueva situación creada por el virus, la pérdida de olfato está provocada por múltiples causas: sinusitis y trastornos respiratorios, el consumo de tabaco o drogas, alteraciones hormonales, problemas dentales, exposición continuada a productos químicos, lesiones en la cabeza, consumo de medicamentos, el envejecimiento, el Alzheimer…

La pérdida del olfato es más importante de lo que parece porque este es una de las mejores herramientas de autodefensa que tiene el ser humano: por ejemplo, no poder oler el humo de un incendio cercano con el riesgo consecuente, o cambios asimilables por la pérdida del sabor que pueden producir desequilibrios alimentarios. Para recuperar el olfato muchas veces toca eliminar de raíz el origen del problema e intentar que poco a poco el sentido se recupere. En otros casos, el problema se mantendrá en el tiempo, si la dolencia que lo causa es más complicada de resolver. En las organizaciones también hay momentos en los que se pierde el olfato y como decíamos en el capítulo cinco perdemos totalmente la capacidad de toma de decisiones. A veces esta pérdida del olfato puede venir causada por un exceso de éxito mal entendido que nos hace perder nuestro criterio de decisión. Alguno de estos he visto en mi vida profesional. Siempre he dicho que si los resultados son malos me preocupo, pero que si son extremadamente buenos me preocupo todavía mucho más. Con frecuencia los grandes fracasos en los negocios han estado precedidos de un gran éxito que nos ha eliminado por completo nuestro sentido del olfato.

También decíamos que una razón de la pérdida del olfato es la exposición continuada a ciertos productos. A veces también en las organizaciones se pierde el olfato por recurrir permanentemente a terceros en la toma de decisiones. Con esto no quiero decir que recurrir a consultoras o proveedores sea malo. Estaría bueno viniendo de una persona como yo que se gana la vida como asesor externo. Lo que digo es que, si se abusa recurriendo a ellos, se acaba perdiendo el criterio, y eso supone un gran error estratégico.

ENFERMEDADES ASOCIADAS AL GUSTO

En el caso del gusto su pérdida también suele venir por el consumo de tabaco, drogas, alcohol, medicamentos o como consecuencia de tratamientos contra el cáncer.

En otras ocasiones las dolencias vienen también por la percepción permanente de sabores. Unas veces el sabor es amargo como cuando se sufre de fantogeusia. Esta dolencia procede de un daño en la cuerda del tímpano causado por tumores, virus o consumo de drogas. Otras veces se tratará de la diugesia, que provoca en la boca un sabor metálico y rancio, que, entre otros efectos, genera en los enfermos un sabor amargo cuando toman productos dulces. Esto puede llegar a provocar que los enfermos dejen de comer por las sensaciones desagradables que supone la ingesta de la mayor parte de alimentos. Está provocada por tratamientos oncológicos de quimio y radioterapia.

Si hablamos de la empresa a veces el gusto, donde situábamos el sentido de la innovación, se resiente por enfermedades crónicas como la aversión al cambio o, por ejemplo, para mí una de las acciones más similares al cáncer en la organización, que es la permanente reducción de costes. Si a los directivos se les obliga de manera recurrente a la eficiencia sin medida, acaban perdiendo todo el «*gusto por gastar o invertir*». Es tal el esfuerzo que supone conseguir la aprobación del presupuesto (amargo) que no compensa el beneficio de la innovación (dulce). Podríamos decir que es un caso de diugesia.

ENFERMEDADES ASOCIADAS AL TACTO

En el caso del tacto gran parte de este sentido está asociado a la piel, que capta los estímulos de nuestro contacto con el mundo exterior. Documentándome para este libro, he sido consciente de la cantidad de enfermedades a las que está expuesto el ser humano, y en el caso del tacto y de la piel son también bastantes.

Alodinia y analgesia son los extremos de un problema similar. La alodinia es una percepción exagerada de dolor en situaciones donde a otros ni les duele, mientras que la analgesia es justo lo contrario: ante un suceso que debería generar dolor, no lo sientes. ¡Cómo es el cuerpo humano!

La astereognosia impide identificar objetos mediante el tacto. La hiperestesia hace que cualquier estímulo que recibe el cuerpo se incremente tanto que acabe siendo desagradable para el ser humano. Por el contrario, la hipoestesia hace que cualquier estimulo del tacto se procese como débil.

En estos casos las causas suelen tener que ver con problemas del sistema muscular, del sistema nervioso, por alguna quemadura o alergia, daños neurológicos…

Si tuviésemos que elegir un símil de estas enfermedades del tacto en el mundo de la empresa, podríamos decir que el sentido del tacto que hemos asociado a la relación con terceros puede estar limitado por problemas del pasado: relaciones que no han terminado bien, interlocuciones que no avanzan porque las partes no tienen el mismo objetivo, diferencia de intereses… Estas nos dificultarían las relaciones con terceros, provocando una pérdida de sensibilidad a la hora de desarrollar nuevas relaciones.

La piel tiene además otras enfermedades que no tienen tanto que ver con su función dentro del tacto como psoriasis, dermatitis, urticaria, o incluso otras más complicadas como sarna o lepra. Muchas de ellas, además de generar dolores y grandes molestias a los que las padecen, limitan de forma importante su relación con otros.

En el caso de la empresa, asociaría estas enfermedades de la piel a las aprensiones que a veces se tienen para trabajar con terceros, ya sea por prejuicios sobre ellos o, por el contrario, por falta de autoestima sobre el valor de nuestra colaboración.

ENFERMEDADES ASOCIADAS AL CEREBRO

Desgraciadamente las enfermedades en el cerebro, así como en el corazón son muy delicadas. No digo que todas las que he mencionado anteriormente no lo sean, pero estas desde luego que lo son.

En el cerebro podríamos mencionar múltiples enfermedades: tumores cerebrales, trastornos metabólicos, enfermedades y alteraciones genéticas, epilepsia, enfermedades y accidentes cerebrovasculares, enfermedades neurodegenerativas, traumatismos… Si a eso le unimos todos los que estarían asociados al sistema nervioso y psicomotriz, la lista es interminable.

Como os imagináis desgraciadamente hay muchos motivos para estas dolencias: unas veces problemas congénitos, otros causados en el parto, en otros casos accidentes o infecciones o enfermedades comunes, mala alimentación o malos hábitos, adicciones y en otros el envejecimiento, acaban causando mucho dolor a pacientes y familiares. Y los remedios son múltiples incluyendo sobre todo cirugía, medicación y hábitos de prevención.

Si tuviese que trasladar estas dolencias al mundo de la empresa, pues también tendríamos situaciones asimilables: problemas en la constitución de la empresa, en su financiación, en malas prácticas de los directivos, problemas por agotamiento del cambio de modelo, falta de criterio… Estas enfermedades son difíciles de curar porque requieren de cambios profundos. Pero para ello tenemos la reinvención de la empresa que estamos tratando aquí.

ENFERMEDADES ASOCIADAS AL CORAZÓN

Como decía, el corazón también tiene una importante lista de enfermedades asociadas que causan mucho sufrimiento, miedo y desgraciadamente fallecimientos o invalidez en las personas. Los infartos, anginas de pecho, arritmias, afecciones congénitas, miocardiopatías, pericarditis... En general, en este caso se deben a problemas congénitos, hipertensión, tabaquismo, colesterol alto, malos hábitos alimenticios, adicciones, diabetes, sedentarismo...

Algunos se solucionan con medicación, otros con prevención y mejora de hábitos de alimentación y deporte, otros con cirugía y otros con control.

En el caso de la empresa estas enfermedades también existen y como decía en el capítulo nueve están muchas veces causadas por un mal liderazgo que sería lo más parecido a los malos hábitos, mala calidad directiva y bajo talento, que podríamos asociar al colesterol, poca formación y falta de compromiso —sedentarismo—, mal ambiente y stress —hipertensión—.

Hemos visto muchas enfermedades y sus similitudes en la empresa. Llevo casi once páginas con el corazón encogido de tantos problemas que acechan a seres humanos y empresas. Voy a dejar a los médicos que solucionen los de las personas y yo te voy a proponer una solución para prevenir estas enfermedades en las empresas.

TRES CLAVES PARA PODER CUIDAR LA SALUD DE LA EMPRESA

Os había comentado que tenía todavía tres claves que sumadas a las ocho desarrolladas anteriormente iban a formar mi receta para poder reinventar la empresa, esa empresa que tú te mereces disfrutar.

Desgraciadamente ahora vivimos esperando una vacuna que nos proteja del COVID-19. Las empresas también necesitan a veces «vacunas». Y esas 3 nuevas claves podrían componer la vacuna para poder prevenir a la empresa de muchas enfermedades y tener capacidades plenas para poder reinventar la Corporación. Las vemos en esta imagen.

Pues ya tienes esas tres claves que faltaban, y las vamos a analizar en profundidad en los siguientes capítulos.

12. EL LIDERAZGO: GENERAR CONFIANZA

La gestión es hacer las cosas bien; el liderazgo es hacer las cosas correctas.
Peter Drucker

Empezamos con el primer componente de la vacuna para proteger a nuestra empresa y conseguir que pueda reinventarse. El liderazgo es posiblemente uno de los mayores activos de una empresa, y reconozcámoslo: pocas empresas tienen realmente líderes. Y cuando digo empresas podría hablar de administraciones, gobiernos, organizaciones sociales, incluso familias. Eso sí, tenemos muchos jefes, muchas personas que disfrutan de los derechos que se reservan para el líder, pero no ejercen adecuadamente sus obligaciones. Incluso es curioso porque muchas veces los propios líderes verdaderos renuncian a sus derechos para centrarse todavía más en sus obligaciones.

Alguien podría decir que siempre ha sido así. Es posible que el nivel de liderazgo no haya disminuido con el tiempo, pero hay una gran diferencia en el mundo actual. Un mal líder tiene todo el derecho a serlo, mientras sus jefes, clientes, votantes se lo permitan. Pero en la época actual existen muchos que además de no ser ese líder que todos esperan, intentan transmitir a todos, por tierra, mar y aire, las bondades de su liderazgo… inexistente. El problema es que suelen gozar además de una corte de palmeros que acuden raudos, muchas veces en las redes sociales, a apoyar con entusiasmo las supuestas virtudes del líder a cambio de permanecer dentro de su sombra benefactora.

Ser un líder no tiene nada que ver con ser simpático, sociable, incluso diría agradable. Ser un líder para mí tiene que ver con ser confiable. En el fondo diría que los primeros líderes que tenemos en nuestra vida son nuestros padres. Ejercer la paternidad, tarea nada fácil, obliga muchas veces a liderar sin simpatía, e incluso a veces hasta con cierta aspereza para convencer a los hijos. Estos, en general, son bastante menos racionales que tus colaboradores de la empresa. Pero en el caso de los padres, como en el de los líderes, lo que diferencia a los buenos de los malos es su capacidad para generar confianza.

La confianza, como la credibilidad, se tarda bastante en conseguirla y muy poco en perderla. Un buen líder tiene que estar muchas veces detrás, apoyando y guiando la nave, y en otras ocasiones tendrá que ser el que dé un cambio de timón eligiendo un nuevo rumbo para esquivar un temporal o dirigir a la empresa a un nuevo entorno.

En tiempos de dificultades necesitamos líderes seguros. Por seguros no estamos hablando de personas duras, sin sentimientos o ajenas a los demás, sino que hablamos de personas que, a partir de sus conocimientos y experiencias, y rodeándose de otros que les complementen, sean capaces de tomar decisiones complicadas, asumiendo muchas veces riesgos, sin temor a fallar. Estamos hablando de personas que sepan entender sus limitaciones, y que recurran a otros para poder juntos dar respuestas acertadas a lo que requiere el momento.

También es importante para un líder saber elegir bien a

su equipo. Hay líderes que, por decisión al crear el equipo o por su gestión de las personas, acaban acumulando en su grupo de trabajo a profesionales que aportan poco para que este mejore. Acumular en tu entorno profesional a personas que siempre te den la razón, que solamente miren hacia arriba, despreciando a sus propios equipos, y que estén más para justificar al jefe que para ayudarle apuntando visiones o ideas que complementen su visión, es un gran error. A veces esto viene dado por la propia inseguridad del mal líder, que prefiere tener personas que le «*sigan la corriente*» antes que personas que le hagan ver las cosas como son. Si debes ejercer de líder tienes que asumir que a veces las personas de tu grupo de trabajo pueden ser más brillantes que tú. Destacaría esta frase de Ralph Nader que me parece que da una de las claves del verdadero indicador que mide el éxito de un líder:

«Comienzo con la premisa de que la función del líder es producir más líderes, no más seguidores»

Si tuviese que elegir tres de las características que están detrás de esa confianza que debe inspirar un líder serían las que puedes ver en la imagen.

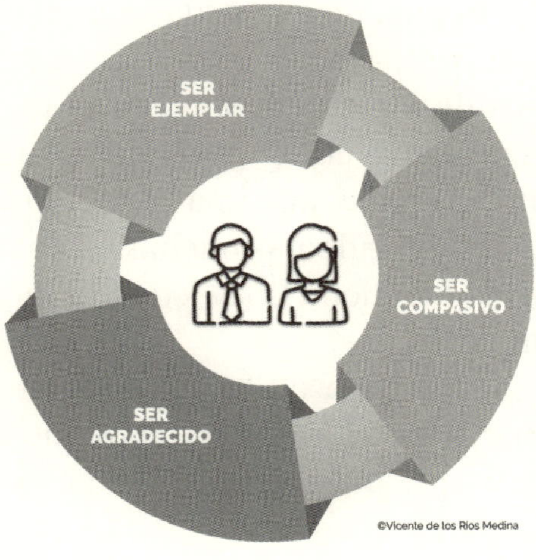

Habrás observado que en la imagen he incluido en los tres puntos el verbo «*ser*». Podría haber simplificado y poner solamente el adjetivo aspiracional. Si he utilizado la forma verbal es porque, como decía anteriormente, la clave está justo en el verbo. Tenemos que exigir a los que quieran ser líderes que «sean» en lugar de que «parezcan» o «quieran hacer creer que son». Vamos a ver qué es esto de «ser ejemplar», «ser compasivo» y «ser agradecido», con los que he querido resumir lo que significa «ser líder».

SER EJEMPLAR

En la vida las cosas no se dicen, se hacen. Las palabras se las lleva el viento, pero los actos no. Uno de los grandes problemas que tienen ahora los malos líderes es que la sociedad tiene muchos más canales de información a través de los que les pueden llegar los malos comportamientos o ejemplos que estos dan. Vivimos claramente una época donde la ejemplaridad vela por su ausencia. Me refiero a la buena, no a la mala ejemplaridad que desgraciadamente campa por sus anchas. Además, curiosamente muchos de los que denuncian el mal ejemplo de otros, son los primeros en ser poco ejemplares en sus conductas. La hipocresía es máxima en el mundo actual de las redes sociales y el vídeo, y muchas veces la hemeroteca es la mejor arma que tiene la sociedad para protegerse de los poco ejemplares.

Un líder, sin ninguna duda, tiene que ser ejemplar y demostrar esta virtud en ser el primero que cumple, especialmente en lo que pide a otros. Ejemplar a la hora de exigir y también de reconocer.

También al líder le toca ser ejemplar en el desempeño de las obligaciones de su puesto. A veces los puestos de responsabilidad tienen obligaciones indelegables. Estar apoyando a tu equipo en situaciones complicadas o de stress es muy importante. Incluso aunque no tengas una tarea operativa que realizar. En situaciones complicadas donde todo el mundo se tiene que quedar por la noche trabajando para solucionar un problema o preparar un trabajo que tiene que estar listo para el día siguiente, el líder tiene que estar de alguna manera presente. Aunque no tenga nada que hacer. Incluso muchas veces, aunque no esté presente se nota su presencia con mensajes de apoyo o de ofrecimiento de ayuda. Si está presente, a lo mejor ofreciéndose a traer café o pedir, y hasta pagar, las pizzas para el equipo. De ese modo también está disponible por si toca tomar alguna decisión difícil. Y por supuesto, dando ejemplo al valorar y agradecer el esfuerzo concretado.

El líder también tiene que ser ejemplar cuando toca dar malas noticias o tomar decisiones difíciles. Son momentos duros sin duda para el líder y para el equipo. A pesar de ser duros, siempre es mejor en esos momentos tener un líder responsable, ejemplar y con criterio que tener que pasar por esos momentos con alguien sin criterio o falto de valores.

Los valores no son algo que se deba presuponer en los líderes, sino que se tienen que demostrar. Si tienes un jefe al que se le pueda considerar como ejemplar, debes reconocer que tienes mucha suerte. Pero no solamente hace falta que sea ejemplar, hay otras dos cualidades que en situaciones como la actual me parecen también necesarias para ganarse el título de líder que genera confianza.

SER COMPASIVO

Admitámoslo: la palabra *compasión* suena rara en el ámbito profesional. Resuena con demasiada humanidad para el ámbito corporativo, y con un tono quizás demasiado paternalista. La compasión es un término que refiere al contacto y a la compresión del sufrimiento de otra persona. Incluso, como me recordaba hace poco mi amigo Javier García Cañete citando a San Pablo, «*compasión no es solo sufrir con el que sufre, sino también reír con el que ríe*».

Necesitamos, sin lugar a duda, líderes compasivos que se pongan en el lugar de sus colaboradores, que intenten entenderles en sus problemas o limitaciones, que pretendan desarrollarlos en lo que necesiten mejorar, y que también sepan compartir con ellos el éxito de los proyectos o sus mejoras personales a través del reconocimiento. Ser compasivo también es intentar sacar lo mejor de los profesionales que tienes en tu equipo, en vez de relegarlos a una esquina porque no son tan perfectos como te gustaría.

Ser compasivo es entender que los profesionales también tienen sus vidas personales, a veces con muchas complicaciones, difíciles equilibrios de pareja o problemas médicos que no quieren o deben compartir. Ser compasivo es saber distinguir cuándo la vida personal de un colaborador debe estar por delante de su vida profesional, momentos en los que la ayuda del líder puede ser fundamental. Hace un tiempo me comentaba un alumno una anécdota de su empresa, donde un jefe obligó a un colaborador a cancelar una cita médica que tenía agendada desde hacía meses porque…, coincidía con una reunión interna con él. ¡Alucinante! Me parece increíble que haya personas que, teniendo a su cargo equipos de personas, puedan ser tan egoístas, con tan poca empatía, en una palabra: inhumanas.

Ser compasivo también es poder y querer celebrar con tus colaboradores los éxitos comunes e individuales. Es disfrutar viendo que un colaborador tuyo —que tenía algunas limitaciones profesionales— ha sido capaz de superarlo gracias a su gran esfuerzo, a la ayuda de sus compañeros, y seguramente al apoyo del líder. No hay nada que satisfaga más en un equipo que las personas crezcan y mejoren su contribución. Y sobre todo este tipo de situaciones son las que permiten que el compromiso de la organización crezca de manera exponencial.

Tener un líder compasivo no es tener un jefe tolerante, que permite el mal comportamiento o se traga la primera excusa que se le da. Es tener un jefe que sabe distinguir dónde hay un problema en el que toca apoyar, y dónde simplemente hay que gestionar un mal ejemplo o bajo rendimiento.

SER AGRADECIDO

El agradecimiento es posiblemente una de las herramientas de gestión más baratas y efectivas. Hace tiempo que aprendí a distinguir en el ámbito profesional que hay que tener muy claro por qué se reconoce a las personas y por qué se les da las gracias.

El reconocimiento está asociado al trabajo bien hecho, a asentir que un profesional ha cumplido con su deber en tiempo, forma e incluso ha superado las expectativas. Por decirlo de una manera: es una forma de poner nota a su trabajo.

Sin embargo, el agradecimiento es mucho más discrecional y humano. Se da las gracias a las personas por cosas que no tenían por qué haber hecho, por cosas que totalmente salen de ellas sin que nadie se lo pida o sin que sea su obligación laboral. Y también para mi tiene un componente importante de cercanía. Un superior te reconoce, alguien de tu nivel te agradece. Que el líder sea agradecido demuestra que se pone al nivel de su equipo, que les comprende y entiende que están yendo más allá de lo que se espera de ellos, y que en parte les debe a todos ellos su puesto y parte de su carrera profesional.

Es curioso que haya personas que no son capaces de reconocer, ni agradecer un trabajo o una acción porque piensan que eso les priva de potestad a futuro de poder cuestionar, recriminar o criticar otras acciones o conductas. El agradecimiento y el reconocimiento, al contrario, te dan mucha más credibilidad cuando toca valorar críticamente.

Necesitamos líderes agradecidos, primero por la oportunidad que tienen de liderar equipos, y también agradecidos porque sin el trabajo de sus equipos ellos no podrían conseguir esos éxitos profesionales a los que una sana ambición aspira.

Por último y para terminar el tema del liderazgo, me gustaría hacer una mención a un liderazgo muy peligroso: el que tiene resultados a pesar de que es totalmente inhumano con sus colaboradores. Muchos piensan que el fin justifica los medios. Es cuestión de valores y esos en parte son los que te han inculcado en tu casa, que tú vas moldeando a lo largo de tu vida y que acabas transmitiendo mejor o peor a tus propios hijos y a la sociedad con la que interactúas. Todos conocemos ejemplos de este tipo de «líderes» y creo que debemos intentar que no acaben convirtiéndose en referencias para los más jóvenes, como ya ha sucedido en el pasado.

El liderazgo es para mí la palanca clave que puede levantar una situación complicada para la reinvención. Veréis al final del libro hasta que punto la considero importante para la reinvención

Valora el cumplimiento de estas afirmaciones en tu empresa.
(Puntúa con 1 si estás totalmente de acuerdo, 0,5 si lo estás con matices y 0 si estás en desacuerdo)

1.	Se puede afirmar que en mi empresa los directivos están, en general, capacitados para ocupar sus puestos	
2.	Los directivos de mi empresa generan confianza	
3.	Los directivos de mi empresa demuestran seguridad en la gestión	
4.	Los directivos de mi empresa son ejemplares	
5.	En mi empresa los directivos anteponen los intereses globales a los personales	
6.	Los directivos de mi empresa son cercanos con el equipo	
7.	Los directivos de mi empresa son compasivos con el equipo	
8.	Los directivos de mi empresa comprenden a los miembros de su equipo cuando tienen problemas personales	
9.	Los directivos y mandos de mi empresa reconocen explícitamente el trabajo bien hecho	
10.	Los directivos y mandos de mi empresa son agradecidos con el equipo	
	Puntuación total - Liderazgo	

13. LA COMUNICACIÓN: EL EJE VERTEBRAL DE LA TRANSFORMACIÓN

«Las personas cambian y generalmente se olvidan de comunicar dicho cambio a los demás».
Lilliam Hellman

Después de advertir lo importante que es el liderazgo vamos a ver la herramienta clave con la que el líder cuenta para alinear los esfuerzos: la comunicación.

Una de las mayores responsabilidades del líder es garantizar que la comunicación funciona en la empresa. La comunicación es el medio que tenemos las personas de transmitir lo que queremos que pase y también lo que está pasando. La comunicación es crítica para que las cosas acaben llegando a buen puerto. Una relación de pareja, la relación con los hijos o padres, la relación con amigos, la venta de una propiedad, una campaña electoral… Todos estos proyectos dependen en gran medida de cómo usemos la comunicación con los participantes en el mismo. Y el líder consigue gran parte de su credibilidad y transmite parte de su ejemplo a través de ella.

En las empresas la comunicación interna es una herramienta muy poderosa, si se utiliza bien. Internamente, si se comunica poco, se produce un desalineamiento entre los miembros del equipo. Si se comunica demasiado, se produce un hartazgo y una mala gestión del tiempo. Y si se comunica mal, se pierde la credibilidad del líder.

Cuando hablamos de la comunicación externa, si no la trabajamos con la intensidad adecuada, pasamos totalmente desapercibidos. Si lo hacemos en exceso, pecamos de reiterativos y posiblemente de prepotentes. Si lo hacemos mal, la imagen de nuestra empresa puede sufrir, especialmente si forma parte de la reacción a algún problema que requiera de una respuesta rápida y eficaz. Encontrar el punto de equilibrio en la comunicación a veces es complicado, por lo que trabajar bien este tema lo hace todavía más importante.

En los procesos de transformación y reinvención, la comunicación es tremendamente importante. Además de alinear al equipo, permite marcar el ritmo de la transformación, a medida que comunicamos avances y resultados, y poner en valor el trabajo realizado. Siempre me gusta incluir en un plan de transformación unos principios del Plan de Comunicación como se pueden ver en el ejemplo de la ilustración.

Ejemplo ilustrativo

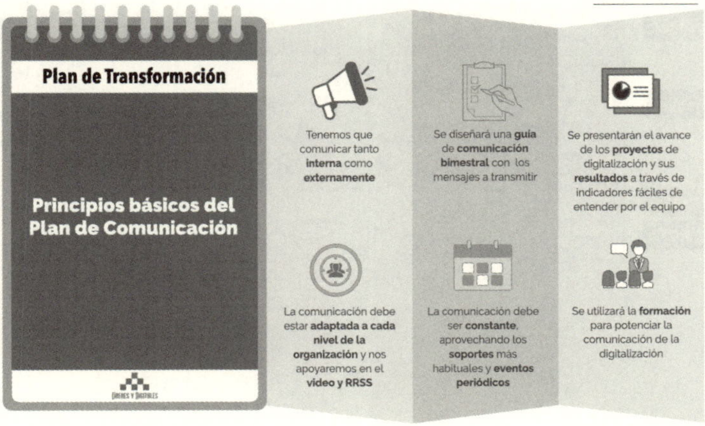

©Lideres y Digitales

Tener unos principios base adaptados a la realidad de tu empresa permite posteriormente poder desarrollar con más criterio el Plan de Comunicación con todas sus iniciativas.

Pero además de estos principios, lo que tenemos que definir es cómo lo vamos a abordar, y para ello destacaría utilizar la metodología POST desarrollada por Forrester, y que puedes encontrar en el libro «El Mundo Groundswell»[14] publicado por Josh Bernoff y Charlene Li, en 2009. Aunque esta metodología se desarrolló principalmente para el marketing y comunicación en las redes sociales, creo que se puede aplicar muy bien a cualquier tipo de plan de comunicación.

En el método POST (*People, Objetives, Strategy and Technology*) lo que se pretende es primero elegir las Personas a las que nos vamos a dirigir. A continuación, toca fijar los Objetivos de la comunicación. Una vez que tenemos personas y objetivos, tocaría definir la eStrategia que vamos a seguir, y por último tendríamos que seleccionar la Tecnología que utilizaremos. En la imagen se puede ver cómo podría diseñarse un plan.

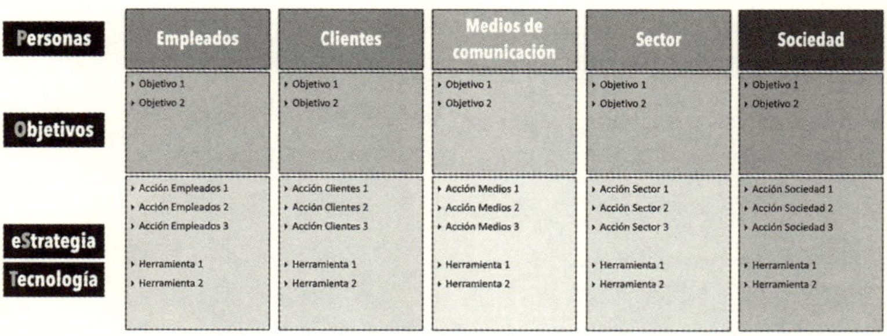

14 «El mundo groundswell», Josh Bernoff y Charlene Li – Empresa Activa 2009

Seguramente a lo largo de tu vida has tenido que diseñar un plan de comunicación y has aprendido mucho desarrollándolo. Pero si te tuviese que recomendar, en base a mi experiencia, tres aspectos que me parecen muy relevantes a la hora de diseñar una estrategia de comunicación para que sea efectiva, serían los que se ven en la siguiente imagen.

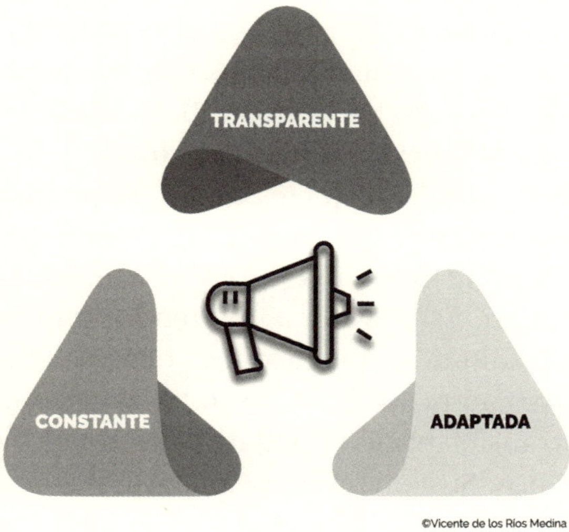

COMUNICACIÓN CONSTANTE

Como decía anteriormente, es difícil encontrar el punto de equilibrio en la cantidad de información que transmitimos cuando comunicamos en la empresa. Quizás uno de los grandes problemas que tiene el directivo actual es que los acontecimientos ocurren tan rápido y hay tantos imprevistos y cambios, que resulta difícil saber qué y cuándo comunicar.

A veces comunicar rápidamente un acontecimiento o tema que acaba de suceder, se acaba convirtiendo en un error porque se ve superado por otro acontecimiento posterior. Debemos tener en cuenta que, en la empresa, una de las comunicaciones más efectivas es la que se produce en cascada, porque como veremos más adelante es la que permite adaptar mejor el mensaje a todas y cada una de las personas de los equipos.

Otras veces, acumular muchas comunicaciones acaba provocando un cierto hartazgo y dificultad entre el equipo para asimilar los mensajes transmitidos.

Considero que lo mejor es que existan una serie de eventos periódicos de comunicación, en diferentes formatos, que permitan mantener informados a todas las personas del equipo. Esto ayuda a que temas tan importantes como los resultados, operaciones corporativas, cambios organizativos, noticias del sector o los avances de los proyectos de transformación puedan ser conocidos por todos los empleados. Si se mantienen los formatos, y además se diseñan con calidad y capacidad pedagógica, pueden ayudar mucho a que las personas entiendan las razones de por qué pasan las cosas; que entiendan si los resultados son buenos o malos; si esta nueva operación nos beneficia o no; si las cosas avanzan a buen ritmo o hay que acelerar; si el proyecto en el que colaboro está aportando lo que espera la empresa o no…

En mi caso, he utilizado frecuentemente cuatro formatos que me han funcionado muy bien.

El primero de ellos era una reunión mensual de todo el equipo de unas dos horas, donde en la primera parte, de unos treinta minutos, yo explicaba los resultados y las noticias más importantes de la empresa y sector, mientras que en la segunda parte miembros del equipo presentaban cinco o seis proyectos en los que estábamos trabajando internamente. De ese modo conseguíamos poner en valor todo el trabajo del equipo y que este estuviese informado y alineado.

El segundo sería una alternativa a este primero y tiene un formato más breve y ágil, tipo *briefing:* audioconferencia mensual de treinta minutos con todo el equipo para confrontar resultados del negocio y unidad, situación de la compañía, proyectos más importantes, noticias del sector y reconocimiento. La misma estructura de la información siempre con *KPIs* que permitían reforzar cuáles eran las claves del negocio.

El tercero era un evento anual fuera de la oficina con todo el equipo, donde explicábamos los resultados del año anterior con los proyectos que habíamos desarrollado, expresábamos la estrategia y objetivos del año, y además aprovechábamos para realizar alguna actividad en grupo que permitiese generar cohesión. Pasar juntos un par de días fuera de la oficina, nos permitía disfrutar de un tiempo de calidad, que además nos daba energía para todo el año.

Y el cuarto formato que os recomiendo es un mensaje especial coincidiendo con las vacaciones de verano y Navidad. En ese mensaje se puede hacer un resumen de los avances del año y lo que nos queda por delante (verano) o de resumen del año y los retos del año siguiente (Navidad), además de poder reconocer el trabajo realizar y mostrar agradecimiento al equipo.

Actualmente la disponibilidad de herramientas de mensajería avanzadas como Slack o Teams, o el uso de plataformas como Facebook Workplace, ayudan a comunicar constantemente con el equipo. Recomiendo usarlas con prudencia, como el correo electrónico, para no saturar los canales de comunicación y perder relevancia.

En la vida la constancia es muy importante, y para poder

ser constantes tenemos que establecer muy bien la cantidad de mensajes a transmitir y los formatos. Por lo tanto, hay que calibrar muy bien cuánta información es capaz de procesar el equipo, cuánta son capaces los mandos de transmitir y el número de eventos o formatos razonables a realizar. Esa es la mejor manera para poder ser constante. Y te garantizo que, si lo haces bien, el equipo lo va a notar y mejorará radicalmente el ambiente de trabajo.

COMUNICACIÓN TRANSPARENTE

Pero no solamente nos va a valer comunicar de manera constante. También tendremos que ser transparentes. Creo que últimamente estamos perdiendo mucha transparencia en la comunicación y eso se está pagando en la credibilidad de los líderes. Tratar de ocultar una verdad incómoda, las medias verdades o directamente las mentiras está creando serios problemas de credibilidad en las empresas y en la sociedad en general. La lucha por conseguir a cualquier precio resultados a corto plazo o la huida hacia delante en medio de una gestión mediocre son parte de las causantes de la falta de transparencia. Vivimos una época en la que los resultados de las empresas se retuercen hasta tal punto, que siempre son buenos con independencia de la calidad real de los mismos. Es la magia de los números: siempre encuentras un indicador que te permite intentar salir airoso con la cabeza alta. Como decía Thomas Carlyle, «*con números se puede demostrar cualquier cosa*».

En la gestión con el equipo la transparencia también es muy importante. No solamente se puede contar lo que interesa, a veces hay que contarlo todo, pero contarlo de la manera que el equipo lo pueda entender limitando el impacto negativo.

La transparencia es importante porque si no eres transparente, dejas de controlar la información. Partiendo del hecho de que es mucho más fácil que se conozca una noticia mala a una buena, si tú no controlas esa comunicación, otros la acabarán controlando por ti, y a partir de ese momento estás en riesgo. Las noticias hay que saber darlas, y también conocer el momento adecuado para hacerlo.

Si solamente te gusta dar buenas noticias, cuando toca gestionar una mala, si lo haces tarde, el equipo puede haberla recibido por otros canales y con un sesgo que complica posteriormente tu intervención. Si por el contrario eres el triste que estás todo el día contando los desastres, no te creerán cuando toca dar una noticia positiva al equipo.

Creo que la transparencia también tiene que estar unida a la coherencia. Un día no puede ser todo un drama, y al día siguiente estar disfrutando de la mejor etapa de la historia de la compañía.

A veces para los directivos la comunicación es una carga difícil de gestionar. Es posible que, entre las cualidades para promocionar a una persona, la comunicación no se encuentre entre las que sean claves en la decisión final. Si no hay una capacidad innata, a bastantes directivos les aterra hablar en público por la posibilidad de cometer un error. Para algunos el problema no está solo en los grandes auditorios, o ahora en los *webinars* en directo, sino también en la interacción con su equipo. Creo que muchas veces desde la cercanía, la transparencia y con el apoyo de una credibilidad ganada por esas cualidades de liderazgo que mencionábamos en el capítulo anterior, un directivo puede y debe ser un buen comunicador.

Por último, quiero destacar la importancia de la adaptación de la comunicación a cada colectivo de personas. Como mencionaba cuando hablaba del método *POST* de Forrester, es muy importante que entendamos que nuestra comunicación depende mucho del destinatario de esta. No todo vale para comunicar a todos. Hay muchas decisiones que tomar: qué mensaje transmites y cuál no, cómo transmites el mensaje a cada una de las personas, en qué momento lo hacemos, quién se lo transmite, con qué frecuencia lo actualizas...

Vivimos una época en la que disponer de tantos canales de comunicación, a veces, más que ayudarnos nos complica la vida. En unos casos, no consistirá en hacer un memorándum y mandarlo a todo el equipo, porque puede ser más simple y efectivo juntar a todos en la sala y transmitirles el mensaje que se quiere comunicar. La facilidad con la que podemos ahora grabar, editar y difundir videos, hacer infografías o documentos, organizar reuniones virtuales, crear espacios de trabajo compartidos, nos da muchas alternativas para elegir entre ellas la mejor opción para comunicar.

Muchas veces una noticia que no es preocupante, acaba creando un auténtico revuelo e incertidumbre en el equipo debido a una mala comunicación. Otras veces, delegar en otras personas del equipo la comunicación de ciertos temas, sin dar una directriz clara, puede generar mensajes distorsionados a través de la organización. Es importante tener en cuenta que si el tema es delicado se piense bien a quién atañe más, y se establezca como prioridad que las personas más afectadas sean las primeras en enterarse y lo hagan a través de quien deba comunicárselo, no porque alguien se lo comenta en el pasillo. Todos tenemos experiencias a lo largo de nuestra vida profesional de ejemplos de comunicaciones bien realizadas, y también desgraciadamente de chapuzas comunicativas sin justificación.

Es también importante decidir quién debe comunicar qué tema. No siempre debe ser el presidente o consejero delegado de la compañía el que comunique los temas. Todos los mandos tienen entre sus obligaciones el rol de comunicar. Delegarles ciertos temas, con un soporte que les permita homogeneizar los mensajes, y comprobando después que la comunicación en cascada ha llegado a todos los niveles de la organización es una buena práctica. En otros casos, a lo mejor el medio más idóneo para realizar una comunicación efectiva pueden ser los sindicatos, que pueden tener una conexión diferente con el trabajador y apelar a ciertas razones que la dirección de la empresa no puede o no debe utilizar.

La obligación de adaptar los mensajes tiene lógicamente un coste en tiempo para el directivo, que tiene que emplear en la comunicación tiempo de calidad en su preparación y ejecución. A veces no se dedica el tiempo suficiente a la comunicación, y las consecuencias suponen muchas veces después una carga desproporcionada de tiempo para solucionar el problema creado por esa mala preparación.

Y por supuesto también toca saber adaptar los mensajes en función de si esta comunicación es externa. Quizás en la época actual esto se ha complicado por la facilidad con la que se filtran los mensajes internos al exterior. Es muy importante reforzar las medidas de seguridad para evitar que ciertas informaciones salgan de la organización, y cada vez más empresa recurren a una clasificación de las comunicaciones en función del ámbito en el que se deben difundir. Esto no evita las filtraciones, pero por lo menos aclara las normas y pone cierto límite a errores no malintencionados.

Para concluir todos debemos tener claro que la comunicación es clave a la hora de abordar la reinvención de la empresa. En una empresa donde la comunicación funciona, los problemas se anticipan y se pueden gestionar de manera más efectiva. Como decía en el título de este capítulo, la comunicación debe ser el eje vertebral de la transformación, y nos permitirá coordinar los movimientos y trabajos de las unidades que forman nuestra empresa.

Valora el cumplimiento de estas afirmaciones en tu empresa.
(Puntúa con 1 si estás totalmente de acuerdo, 0,5 si lo estás con matices y 0 si estás en desacuerdo)

1.	En mi empresa se comunican los temas importantes	
2.	Los directivos de mi empresa dedican tiempo de calidad para preparar sus comunicaciones	
3.	En mi empresa se celebran eventos periódicos donde se nos transmiten los principales mensajes de la situación de la empresa	
4.	Los directivos de mi empresa son buenos comunicadores	
5.	Me siento bien informado de lo importante que afecta a mi trabajo	
6.	En mi empresa todos los niveles organizativos se involucran en la comunicación	
7.	En los últimos años he notado mejoras importantes en la comunicación en mi empresa	
8.	En mi empresa la transparencia es uno de los rasgos que definen la comunicación	
9.	En mi empresa se adapta la comunicación a los diferentes niveles organizativos con el fin de que se entienda mejor	
10.	La comunicación de mi empresa es útil	
	Puntuación total - Comunicación	

14. EL ALMA: LA IMPORTANCIA DEL PROPÓSITO

«No hagas de tu cuerpo la tumba de tu alma».
Pitágoras de Samos

Y junto a liderazgo y comunicación considero que el alma sería el tercer componente de esa vacuna que debe proteger a la empresa de una falta de dirección y la capacite para poder reinventarse.

Os decía que vosotros vais a poder ir incorporando más elementos al modelo que yo he definido y este punto es un ejemplo de ello. Cuando publiqué un artículo en LinkedIn sobre el modelo, mi compañero y amigo Nacho Domínguez me recordó acertadamente que también debía incluir el alma en mi propuesta. Dicho y hecho, Nacho. Trabajo en equipo.

El concepto de alma es posiblemente uno de los más estudiados y debatidos por filosofías y religiones. Cada una de ellas le da una interpretación diferente, aunque todas coinciden que en que cuerpo y alma forman la individualidad del ser humano, y que el alma sería ese todo espiritual de la persona. No voy a profundizar en los conceptos filosóficos o teológicos del tema, porque no es el motivo del libro, y tampoco soy yo quién para profundizar en temas tan complejos.

Si hablamos de alma y espíritu de la empresa, para mí estamos hablando de ese poso que deja la empresa a lo largo del tiempo en las personas con las que interactúa. Podríamos decir que las personas que pasan por la empresa a lo largo de su historia serían los miembros de ese cuerpo, mientras que el alma sería lo que es capaz de inspirar la empresa con sus acciones, servicios, operaciones, conductas… Sería algo superior a lo que es la propia imagen de la empresa, en general influenciada por la comunicación y publicidad. En cierto modo, también podríamos decir que el alma de la empresa es diferente para cada uno de los agentes que interactúan con ella, porque cada uno lo hace con un nivel de intensidad diferente en función de la relación que tiene con ella o el tiempo que dura la relación.

El alma de la empresa para un empleado que ha pasado toda su carrera profesional en ella posiblemente sea el resultado de procesar sus recuerdos y aprendizajes a lo largo de esa carrera profesional. Además estará muy influenciada por su propio desarrollo vital como persona. Si le preguntásemos a esa persona que defina el alma, seguramente acabaría recurriendo a sentimientos y evocando situaciones concretas y personas que definirían lo que quiere expresar. Si le preguntamos a una persona que se ha incorporado a la empresa después de trabajar en cinco más y que solamente lleva unos meses en ella, desde luego que no tendrá la misma profundidad y matices que para la primera. Hasta es posible que esa persona la defina por comparación con el resto de las empresas en la que trabajó.

También podemos tener esa sensación de alma cuando somos clientes de una empresa. Recientemente visité la fábrica de elaboración de las famosas tortas de aceite de Inés Rosales en Castilleja de la Cuesta. Esta popular marca fabrica tortas de aceite y otros productos desde que Inés Rosales la fundó en 1910. Por cierto, muy interesante profundizar en la historia de esta mujer de principios del siglo XX que se tuvo que reinventar para salir adelante después del fallecimiento de su marido. Visitando la fábrica con Ana Moreno, su directora de Comunicación me comentaba la historia de la empresa desde su fundación hasta la actualidad. Ana me comentó cómo en 1985 al comprarla Juan Moreno decidió revertir algunas de las decisiones erráticas que habían tomados en los últimos años los antiguos propietarios, porque la marca y el producto habían perdido totalmente su esencia. Entre las decisiones que tomó hubo una que realmente me pareció para enmarcar: al considerar que esos cambios habían deteriorado la calidad del producto, perdiendo su característica tradicional, decidió viajar por toda España recomprando todo el stock del producto disponible para evitar destrozar la imagen de sus tortas. Después de la visita publiqué un pequeño video en redes sociales y me encontré con la sorpresa del cariño con el que respondieron muchas personas evocando a sus sentimientos y experiencias con la marca: a unos le recordaban a su infancia y cómo sus abuelos se las daban de merienda; otros seguían consumiéndolas todos los días y no podían vivir sin ellas; y hasta mi amigo Ramiro Cortés comentaba que había conseguido aficionar a sus nietos a sus tortas favoritas. Como se ve en este pequeño ejemplo, hay empresas que tienen alma, y que son capaces de transmitírnosla a sus clientes de generación en generación.

En otros casos, hay empresas que acaban asociando su alma al país de origen, siendo embajadoras de la marca país. Es el caso de las líneas aéreas o empresas de telecomunicaciones o electricidad, con fuerte componente emocional, derivado principalmente de épocas monopolísticas, pero que en el fondo también generan ese espíritu porque han sido las que permitieron a las personas tener sus primeras experiencias en viajes, tecnologías o acceso a infraestructuras. Y todos estos tipos de experiencias dejan huella en las personas.

En el fondo, ese espíritu o alma de la empresa, totalmente intangible, complejo de explicar, y que muchas veces «*se respira*» más que se ve, es el que obliga a los directivos y empleados a no desviarse de un cierto camino trazado. Esto es muy importante porque todos debemos tener en cuenta que el paso de cada uno de nosotros por una empresa, especialmente cuando estas son longevas, por muy alta que sea tu responsabilidad, siempre es efímero. Algunas personas, a veces atacadas por un complejo de megalomanía, olvidan esto, y se empeñan en tener un protagonismo a veces contraproducente para ellos y para la propia empresa. Las personas pasan y quedan sus obras, a veces buenas y otras mejorables.

Alguien podría pensar que si quieres reinventar la empresa tienes que cambiar el alma de la compañía, pero creo que sería un error. Especialmente en las empresas ya consolidadas. Igual que el cuerpo de la empresa se puede cambiar con algunas de las propuestas que te he hecho, equivalentes a la cirugía, ejercicio alimentación o tratamientos estéticos en el ser humano, en el caso del alma es una tarea muy difícil y además a mi modo de ver desaconsejable. Creo que el alma tiene que ser más un bastón que nos permita avanzar seguros por el camino de la reinvención, sabiendo que nos podemos apoyar en él, que un freno para el cambio.

¿Por qué digo que el alma de la empresa no es un freno? Pues simplemente, porque el alma es una de las razones por las que la empresa ha sido capaz de llegar hasta este punto del camino, a pesar de las dificultades. Incluso, a pesar de las malas gestiones, que a lo mejor han permitido poner todavía más en valor otras gestiones del pasado y sus resultados. El alma de la empresa no debe ser un lastre, debe ser una guía y por otro lado una gran responsabilidad para los gestores actuales, porque los obliga a conservar y actualizar ese espíritu que construyó en el pasado entre empleados, clientes, proveedores y sociedad.

Si tuviese que destacar dos aspectos que me parecen fundamentales en lo que podríamos llamar alma de la empresa, serían los de la imagen.

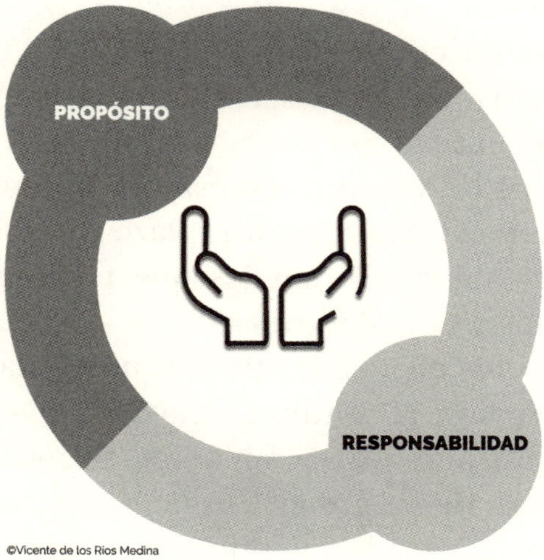

EL PROPÓSITO

Una empresa debe tener un propósito con el que operar. Y ese propósito va mucho más allá de la misión, visión o valores. Ese propósito es la razón misma de existir de la empresa, el porqué de su existencia. Equiparándolo a las personas es la razón por la que todas las mañanas queremos levantarnos para seguir viviendo la vida.

Posiblemente la pandemia está produciendo que muchas empresas y personas se cuestionen totalmente cuál es su propósito en la vida. El periodo de confinamiento, sin duda, ha servido para que muchas de ellas pongan en orden sus ideas respecto a este tema tan complejo.

Por lo tanto, el propósito tiene mucho más que ver con un fin aspiracional. Cuando hablamos de misión nos estamos refiriendo más al *qué* y al *quién*. De qué manera vamos a aterrizar ese propósito y a quién vamos a ayudar con ese qué. Incluso, a veces, la misión también se define diciendo *qué no somos*.

Si hablamos de visión lo estaríamos poniendo el foco dónde queremos estar en un plazo determinado de tiempo. Y los valores serían los que forman la cultura deseada. Estos se pueden desarrollar a través de principios para que los empleados tengan una guía con la que poder desarrollar esa cultura deseada.

Estos serían algunos ejemplos de propósito, misión, visión o valores de empresas (los he dejado en el idioma original porque la traducción podría alterar su sentido).

Empresa	Sector	Propósito
ING	Financiero	Empowering people to stay a step ahead in life and in business.
BBVA	Financiero	Poner al alcance de todos, las oportunidades de la nueva era.
Coca Cola	Bebidas	Refresh the world. Make a difference.
EQT	Fondo capital riesgo	To future-proof companies and make a positive impact.

Empresa	Sector	Misión
Alibaba	Multisectorial	Make it easy to do business anywhere.
Spotify	Entretenimiento	Unlock the potential of human creativity – by giving a million creative artists the opportunity to live off their art and billions of fans the opportunity to enjoy and be inspired by it.
Telefónica	Telecomunicaciones	Hacer nuestro mundo más humano, conectando la vida de las personas.
IKEA	Mobiliario	To be offering a wide range of well designed, functional home furnishing products at prices so low that as many people as possible will be able to afford them.
Apple	Tecnología	To bringing the best user experience to its customers through its innovative hardware, software, and services.

Empresa	Sector	Visión
Alibaba	Multisectorial	We do not pursue size or power; we aspire to be a good company that will last for 102 years. We aim to build the future infrastructure of commerce. We envision that our customers will meet, work and live at Alibaba[1].
Spotify	Entretenimiento	We envision a cultural platform where professional creators can break free of their medium's constraints and where everyone can enjoy an immersive artistic experience that enables us to empathize with each other and to feel part of a greater whole.
Coca Cola	Bebidas	Our vision is to craft the brands and choice of drinks that people love, to refresh them in body & spirit. And done in ways that create a more sustainable business and better shared future that makes a difference in people's lives, communities, and our planet.
EQT	Fondo capital riesgo	To be the most reputable investor and owner.

Empresa	Sector	Valores
BBVA	Financiero	• El cliente es lo primero • Pensamos en grande • Somos un solo equipo
Telefónica	Telecomunicaciones	• Somos abierto • Somos retadores • Somos confiables
Spotify	Entretenimiento	• Innovación • Pasión • Colaboración • Transparencia • Equidad

Como puedes observar cada empresa tiene su propio estilo para explicar, a través de estos conceptos, lo que sería su alma. Muchas veces nos puede parecer que estas declaraciones tienen más de intención que de realidad. Es cada vez más importante que utilicemos el ejemplo para que estas buenas intenciones sean realmente nuestra manera de actuar, de diferenciarnos y, sobre todo, que ayuden a cambiar la sociedad a través de la contribución de nuestra empresa.

Un tema importante que también me gustaría destacar es que a veces tengo la sensación de que —y es un debate que está surgiendo cada vez con más fuerza— hay directivos que pueden llegar a confundir sus ideas o ideales personales con lo que debería defender su empresa. Sinceramente no creo que lo hagan con mala intención, sino que intentan utilizar la capacidad de movilización de sus empresas para luchar por sus ideales. Creo que a veces este tipo de prácticas puede generar conflictos si se llevan a extremos donde empleados o incluso clientes o proveedores tienen que asumir posiciones que podríamos llamar «políticamente correctas» con el fin de no desentonar en el apoyo a algunas iniciativas. Cuando nos movemos en un terreno tan subjetivo como el de los principios, hay que separar muy bien tus propias ideas de lo que debe defender o impulsar tu empresa.

Pues bien, que tu empresa tenga ese propósito es muy importante, porque puede ayudar a centrar hacia dónde tiene que ir la reinvención de la empresa, especialmente si la situación a la que ha llegado tu empresa está causada, por ejemplo, por políticas erráticas en busca de unos resultados de negocio que han provocado que la compañía se desvíe de ese propósito fundacional.

LA RESPONSABILIDAD

Cada vez escuchamos más los términos Responsabilidad Social, Responsabilidad Social Corporativa o Empresarial o, en los últimos tiempos, el concepto de Sostenibilidad. Cada concepto tiene diferencias y visiones particulares, pero todos acaban llevándonos a la cuestión de hasta qué punto nuestra empresa, sus directivos, empleados, proveedores y accionistas son responsables.

La empresa no opera sola dentro de la sociedad. Al fin y al cabo, ofrece soluciones para sus clientes, trabajo para sus empleados y proveedores, desarrollo para la sociedad y el medio ambiente y beneficios para los accionistas que invierten en ella. La empresa se integra en un ecosistema donde hasta hace unos años se velaba más porque su contribución neta a ese ecosistema fuese positiva, que por garantizar que todas las acciones y comportamientos fuesen positivos o neutros individualmente.

Esto provocó que empresas, incluso exitosas, pudiesen realizar malas prácticas laborales (explotación infantil, no reconocimiento de derechos, maltrato o discriminación), medioambientales (vertidos, deforestación, mal uso de recursos naturales, generación desproporcionada de CO2, etc.), financieras y normativas (evasión de impuestos, pago de sobornos, quiebras, enriquecimiento ilícito...).

Aunque las primeras iniciativas en la línea de la Responsabilidad Social tienen su origen en el siglo XIX con la aparición del cooperativismo y asociacionismo y su lucha por conciliar los resultados empresariales con los beneficios y derechos de trabajadores y sociedad. La responsabilidad social empresarial (RSE) surge en Europa en los años noventa, del pasado siglo XX, a través de las iniciativas de la Comisión Europea. A partir de estos años, y debido a la globalización y su impacto en la economía, el desarrollo tecnológico, la preocupación ecológica y el cuidado del medioambiente, la RSE ha ampliado su presencia en el mundo empresarial y ha desarrollado toda una serie de actividades, normativas y obligaciones que ha convertido la Responsabilidad Social en la empresa en un tema crítico.

Además, la creación de dos iniciativas globales como el Pacto Mundial en 1999, y el más reciente de los «Objetivos de Desarrollo Sostenible» (ODS) en la Cumbre de Desarrollo Sostenible de 2015, han puesto encima de la mesa un marco para que las empresas tengan claro que no todo vale con tal de cumplir sus objetivos de negocio, por muy bien intencionados que estos sean.

Los diecinueve ODS, que cubren múltiples campos, se acaban desarrollando a través de ciento sesenta y nueve metas, y nos permitirán tener una referencia en la que poder mirarnos y medir el cumplimento de este esfuerzo por la sostenibilidad.

Cada vez más inversores están considerando la apuesta de una empresa por la sostenibilidad como factor decisivo para invertir en la empresa. El auge de inversiones ESG (Environmental, Social y Governance) está obligando a los directivos a cuidar sus decisiones y a realizar medidas que permitan conseguir los niveles exigidos en los indicadores que conforman este tipo de métricas. Como se puede observar en la imagen siguiente de US SIF Foundation, los criterios ESG cubren muchos aspectos de la relación de la empresa con todo su ecosistema, como pueden ser relaciones laborales, seguridad del puesto de trabajo, diversidad e inclusión, desarrollo de la comunidad, derechos humanos, independencia del consejo, diversidad del consejo, políticas anticorrupción, impacto medioambiental, cambio climático, uso de materiales tóxicos…

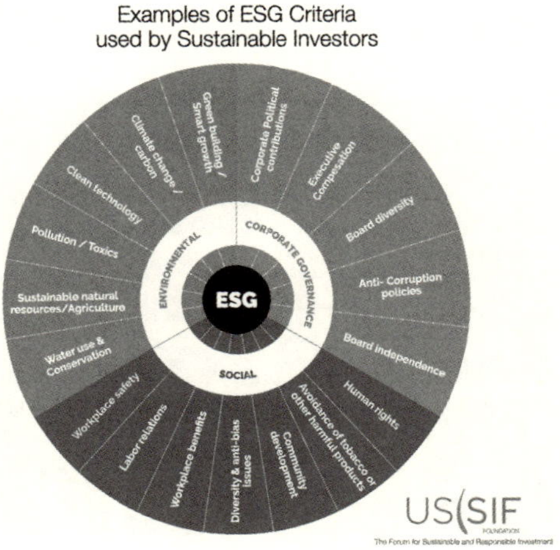

Se están haciendo importantes esfuerzos en estos campos, especialmente con el desarrollo normativo, pero creo que la clave de la responsabilidad está por encima de indicadores o normativas. Creo que reside en la propia conciencia individual en el momento de la toma de decisiones, y desgraciadamente estas están muchas veces basadas en la obtención de resultados comprometidos, y a menudo incluso en los propios intereses personales.

Si queremos reinventar una empresa debemos ser capaces de cumplir este tipo de requerimientos de manera natural, porque nuestras decisiones vayan siempre encaminadas a ese bien común que representa trabajar para que el mundo se desarrolle de manera sostenible. Y cuando hablamos de estos temas no podemos dejar de volver al capítulo nueve donde hablábamos del corazón y de esos valores humanos tan importantes en nuestra empresa.

No te voy a pedir que valores si en tu empresa cumplís o no vuestra promesa de propósito, misión, visión o valores. Lo quiero sacar intencionadamente de los cuestionarios, porque me parece que realmente es una obligación ineludible. Si tu empresa no tiene alma, ni persigue un propósito se podrá reinventar, pero será en el fondo una «*reinvención a ninguna parte*».

15. ¿REALMENTE SE PUEDE REINVENTAR TU EMPRESA?

Creer posible algo es hacerlo cierto.
Friedrich Hebbel

Pues llegado a este punto del libro espero que tú mismo tengas la respuesta. No tanto por lo que te haya contado en estas páginas, que es totalmente una visión muy personal, sino por las conclusiones que hayas sacado de las propias reflexiones que has hecho a lo largo de esta lectura. Ese era mi objetivo con este libro: ayudarte a reflexionar sobre la necesidad de cambio de la empresa, pero también, y al mismo tiempo, de la necesidad de reinvención que tenemos cada uno.

Con independencia de tus reflexiones y la conclusión a la que hayas llegado, habrás observado que he ido pidiéndote una serie de evaluaciones a lo largo de los diez capítulos donde daba las claves de la reinvención de tu empresa. Te indicaba que valorases con 0, 0.5 o 1 cómo de acuerdo estabas con que en tu empresa se cumpliese esa afirmación del cuestionario. Eso te ha debido permitir obtener una puntuación de 0 a 10 sobre el nivel de tu empresa en diez palancas que he citado en el libro (como dije he eliminado el alma a propósito).

En la página siguiente tienes una tabla que he diseñado para que puedas poner las diferentes puntuaciones con las que has valorado a tu empresa. Además, he creado otra columna para que puedas poner la puntuación total de la suma de las 100 puntuaciones de los diez cuestionarios.

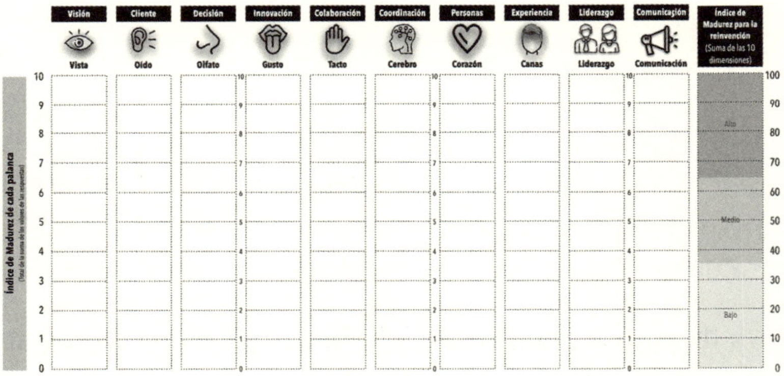

©Vicente de los Ríos Medina

Como observarás, la escala de la puntuación total, que he denominado «Índice de madurez para la reinvención», está dividida en tres zonas: bajo, medio y alto. Estas definirían cómo de madura está tu empresa para reinventarse. A continuación, puedes ver un ejemplo ilustrativo, donde la empresa estaría con cincuenta y cuatro puntos en un nivel medio. Esta empresa, por las puntuaciones, parece que destaca en estrategia, cliente, innovación y coordinación, pero tendría niveles justos en temas tan importantes como decisión, aprovechamiento de experiencia o comunicación.

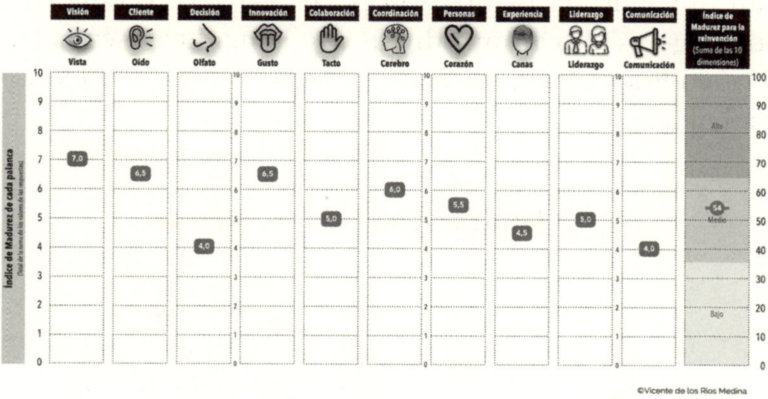

Esta manera de medir es puramente orientativa, pero siempre he creído que al ser humano autoevaluarse le ayuda mucho para reflexionar, especialmente si puede comparar su puntuación con la de otros. Es cierto también que cualquiera de los que estáis leyendo el libro podéis poner en cuestión el contenido y la razón de algunas de las preguntas. Pero al fin y al cabo es parecido a la valoración de los futbolistas de un partido en un periódico deportivo. Es una referencia, y muchas veces no estamos de acuerdo con el criterio del cronista. En este caso, yo he puesto las preguntas, y tú has puesto las respuestas, así que también hay una parte importante de la valoración final que depende de tu nivel de exigencia para tu empresa.

Entonces, ¿se puede reinventar tu empresa o no? Voy a intentar dar algunas ideas para que te sirvan de referencia. La representación de datos en matrices suele ayudar a realizar análisis rápidos y bastante precisos. He preparado esta matriz donde cruzo el índice de madurez para la reinvención con el índice de madurez de liderazgo. Con el fin de identificar diferentes situaciones, he definido cuatro zonas posibles donde se sitúe una empresa —las dos que han quedado en blanco son poco realistas, porque si el liderazgo es alto es muy difícil que la madurez sea baja, y si la madurez el alta, no parece razonable que el liderazgo sea bajo.

Matriz de reinvención empresarial

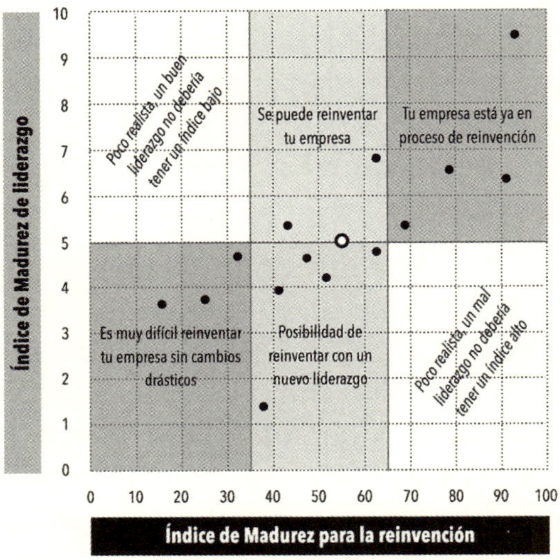

©Vicente de los Ríos Medina

Aunque en este caso, yo he dividido el eje del índice de madurez en tres zonas (menos de 35, entre 35 y 65 y más de 65) y el de liderazgo en dos (menos y más de 5), tú podrías ajustar estos ejes en base a tu criterio. Creo que mi propuesta es bastante razonable, pero la voy a ir ajustando con el tiempo para que sea más realista en base a la muestra que estoy obteniendo de las personas que están rellenando el cuestionario.

Como decía, se crean cuatro zonas realistas donde se va a acabar ubicando la puntuación de tu empresa:

— Si el índice de madurez es alto y el de liderazgo alto, esa empresa casi seguro que ya está en proceso de reinvención. Si, además, lo hace cuando los resultados son positivos, se estará preparando muy bien para un futuro prometedor.

— Si el índice de madurez es medio, pero su liderazgo es alto, la empresa tiene oportunidades de reinventarse.

— Si el índice de madurez es medio, pero su liderazgo es bajo, es bastante difícil que se pueda reinventar, salvo que rápidamente cambie al equipo gestor. Si además tiene malos resultados, la espiral de presión y medidas desesperadas acabará arrastrando a la empresa a una situación muy complicada, que la hará desaparecer o ser comprada por otra empresa.

— Si los índices de madurez y de liderazgo es bajo, claramente la empresa va a tener muchos problemas para poder reinventarse, solo lo podrá hacer con mucho esfuerzo y un cambio radical, no solo en el liderazgo sino también en toda la estructura y procesos de la empresa. En este caso, lo más normal es que los resultados ya sean malos.

En el ejemplo que mostré en la tabla anterior donde el índice de madurez era de 54 y el de liderazgo 5, podríamos decir que la empresa lo tiene complicado y que tendría que acelerar mucho para poderse reinventar. Como tiene además bajo el índice de toma de decisión y comunicación, lo va a tener complicado, y tendrá que poner foco en esos temas si quiere reforzar el liderazgo para poder reinventar la empresa.

A pesar de todo esto, por encima de números y tablas está la actitud. Es importante destacar que, igual que las personas son capaces de salir adelante teniendo enfermedades y discapacidades en alguno de sus miembros o sentidos, las empresas también lo pueden hacer gracias a la actitud y esfuerzo de las personas que la forman.

Me gusta mucho el ejemplo de Helen Keller. La descubrí a través de una de sus frases: «*El mundo está lleno de sufrimiento, pero también de superación del mismo*», cuando estaba preparando una conferencia sobre este tema de reinvención de la empresa. Investigando sobre ella, descubrí que, nacida en 1880 en Estados Unidos, era sordociega desde los diecinueve meses. A pesar de faltarle dos de los cinco sentidos, consiguió convertirse en la primera sordociega en licenciarse y tener una prolífica carrera como escritora, oradora, filántropa y activista política. Todo un ejemplo de actitud de superación y de no rendirse.

Si una persona en esta situación es capaz de salir adelante, ¿debemos rendirnos en una empresa?

EPÍLOGO

«Todos piensan en cambiar el mundo,
pero nadie piensa en cambiarse a sí mismo».
Alexei Tolstoi

Pues hemos llegado al final de este libro. Espero que te haya merecido la pena invertir tu tiempo de lectura y que te haya servido, sobre todo, para poder reflexionar más sobre qué se necesita para reinventar tu empresa.

Como ves, he intentado aportar un modelo que sea fácil de recordar y darte además una herramienta que te permita de alguna manera poder medir y tener referencias.

También creo que el modelo que he aportado en base a la analogía entre ser humano y empresa puede permitirte ampliar más conceptos por tu cuenta. E incluso poder desarrollar tus propias teorías. Ese sería para mí el mayor éxito: que lo acabes haciendo tuyo. El cuerpo humano y la empresa tienen tantas complejidades, que el modelo seguro que se puede mejorar y ampliar para situaciones específicas que tengas en tu día a día.

He intentado aportar conceptos y herramientas, aunque no he querido profundizar en los temas porque actualmente hay mucha bibliografía y expertos a los que recurrir para que puedas ir más allá con verdaderos especialistas en cada materia.

He preparado esta infografía a modo de resumen para que la puedas tener siempre a mano, con un extracto del libro.

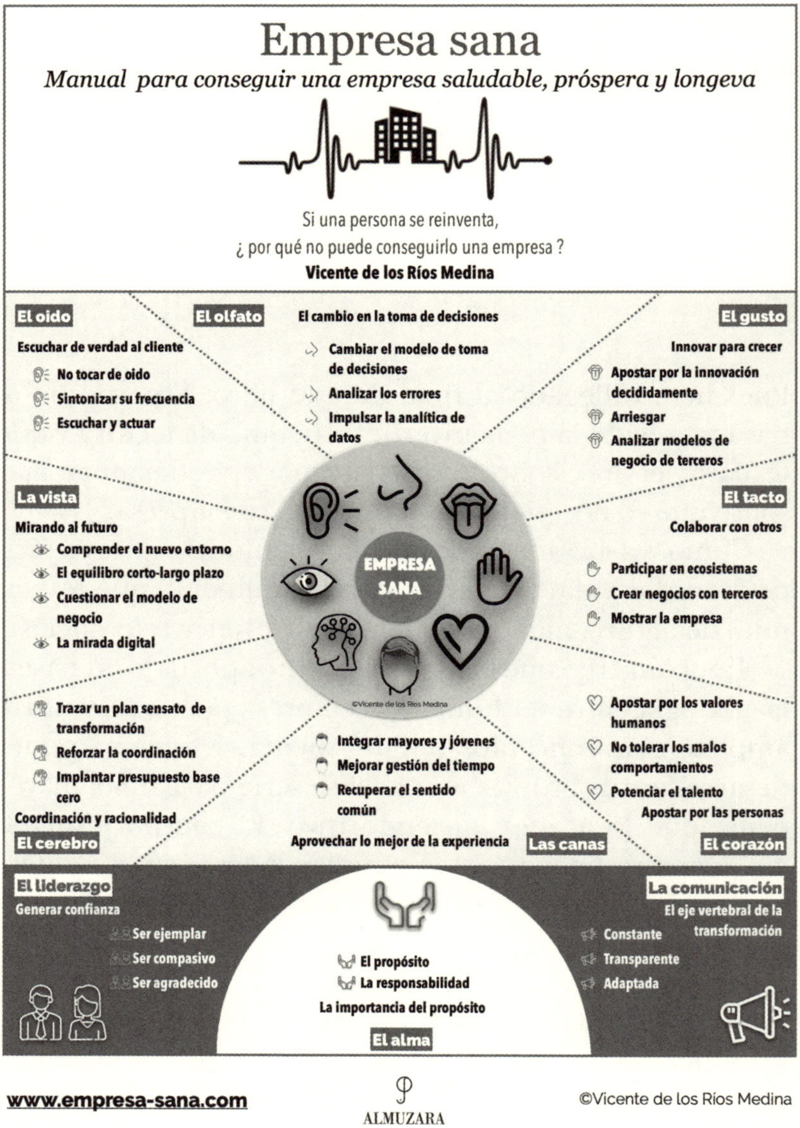

Para acabar me gustaría darte dos últimos consejos. Soy consciente de que no todas las personas que lean este libro van a ser capaces de conseguir que su empresa se reinvente. Unas veces será por el limitado nivel de responsabilidad, que tienen; en otros casos, a pesar de tener la responsabilidad por la dificultad que tiene cambiar la empresa ante la inercia de años o por los cambios del entorno que hacen cuestionarse el futuro de la empresa. Ninguna empresa por definición tiene garantizada la eternidad. Pero sí que creo que algo que sí depende de ti, con independencia de tu responsabilidad o tu capacidad, y es que tengas la actitud de querer aprovechar la oportunidad que tenemos delante con la digitalización. Creo que es una oportunidad inmensa, y que en muchos casos aprovecharla depende principalmente de uno mismo.

Me gusta mucho una cita denominada la «plegaria de la serenidad», que se atribuye a un teólogo y filósofo norteamericano del siglo XX, Reinhold Niebuhr, aunque también se les ha atribuido a otros eruditos de siglos pasados, que dice:

«Dios dame serenidad
Para aceptar lo que no puedo cambiar
Coraje para cambiar lo que puedo
Y sobre todo sabiduría para saber la diferencia»

En la vida muchas veces nos cuesta aceptar lo que no depende de nosotros, y gastamos toda nuestra energía en quejas por ello, en vez de emplear esa energía en cambiar lo que depende de nosotros. Si intentas luchar para reinventándote tú, reinventar de alguna manera tu empresa, no sé si lo conseguirás, pero seguro que ayudas en el objetivo, te ayudas a ti mismo y das ejemplo al resto de la sociedad.

Espero de corazón que esta lectura te ayude a dar ese primer paso, o si ya lo has dado, a continuar con más fuerza el camino. También espero que la sociedad pueda salir adelante tras la crisis creada por la pandemia. Estoy seguro de que saldremos adelante, aunque también estoy seguro de que los que sean colaboradores, generosos y agradecidos saldrán antes.

Me tienes a tu disposición para lo que puedas necesitar en la reinvención de tu empresa y también en la tuya propia.

BIBLIOGRAFÍA Y REFERENCIAS

A continuación, te comparto bibliografía que he utilizado para escribir este libro, incluyendo alguna que ya he citado a lo largo de los capítulos.

Libros

— «The Innovator's Dilemma» – Clayton Christensen, 1997 – Harvard Business Review Press.
— «El mundo Groundswell» – Josh Bernoff y Charlene Li, 2009 – Empresa Activa.
— «El Misterio de Reinventarse» – Vicente de los Ríos, 2019 – ExLibric
— «El manual del estratega» – Rafael Martínez Alonso, 2013 – Gestión 2000.
— «La estrategia de los océanos azules» - W. Chan Kim y Renée Mauborgne, 2004 – Harvard Business Review.
— «The intuitive customer: 7 imperatives for moving your customer experience to the next level», Colin Shaw & Ryan Hamilton, 2016 – Palgrave Macmillan.
— «Historia de las Telecomunicaciones: cuando todo empezó» - José de la Peña, 2003 – Ariel.
— «Vitaminas y Vacunas para la empresa de hoy» – Varios autores, 2019 – Eiunsa.

Webs e informes

— Future Today Institute.
— Introducing the Business-To-Business Hierarchy of Needs - Matthew Harrison & Catherine Firth (artículo).
— Wikipedia.
— www.elmisteriodereinventarse.com
— www.lideresydigitales.com
— www.sousight.com
— www.wander.com
— www.blueoceanstrategy.com
— www.strategyzer.com
— www.designabetterbusiness.com
— https://www.washingtonpost.com/technology/2020/01/09/silicon-valley-some-men-say-cosmetic-procedures-are-essential-career/
— https://www2.deloitte.com/content/dam/insights/us/articles/AU22848_The-digital-ready-worker/DI_The-digital-ready-worker.pdf
— https://www.un.org/sustainabledevelopment/es/objetivos-de-desarrollo-sostenible/
— https://www.ussif.org/index.asp

Películas

— Apollo XIII (1995), dirigida por Ron Howard.
— Moneyball (2011), dirigida por Bennett Miller.

(Footnotes)

— https://www.alibabagroup.com/en/about/overview

Este libro se terminó de imprimir por encargo de la editorial Almuzara, en su primera edición, el 8 de enero de 2021. Tal día del 1889 el Dr. Herman Hollerith patenta una máquina de calcular con tabuladores.